Johannes V. Jensen

TEXTE UND UNTERSUCHUNGEN ZUR
GERMANISTIK UND SKANDINAVISTIK

Begründet von Heiko Uecker
Herausgegeben von Thomas Fechner-Smarsly

BAND 65

Christian Gellinek

Johannes V. Jensen

Dänischer Sprachbildner und Querdenker
und seine Übersetzerin Julia Koppel

Bibliografische Information der Deutschen Nationalbibliothek
Die Deutsche Nationalbibliothek verzeichnet diese Publikation
in der Deutschen Nationalbibliografie; detaillierte bibliografische
Daten sind im Internet über http://dnb.d-nb.de abrufbar.

Umschlagabbildung:
Aufnahme von Johannes V. Jensen
während der 60. Geburtstagsfeier 1933.
Abgedruckt mit Genehmigung von Prof. Niels Birger Wamberg.

ISSN 0721-4286
ISBN 978-3-631-65436-1 (Print)
E-ISBN 978-3-653-04590-1 (E-Book)
DOI 10.3726/978-3-653-04590-1

© Peter Lang GmbH
Internationaler Verlag der Wissenschaften
Frankfurt am Main 2014
Alle Rechte vorbehalten.
Peter Lang Edition ist ein Imprint der Peter Lang GmbH.

Peter Lang – Frankfurt am Main · Bern · Bruxelles ·
New York · Oxford · Warszawa · Wien

Das Werk einschließlich aller seiner Teile ist urheberrechtlich
geschützt. Jede Verwertung außerhalb der engen Grenzen des
Urheberrechtsgesetzes ist ohne Zustimmung des Verlages
unzulässig und strafbar. Das gilt insbesondere für
Vervielfältigungen, Übersetzungen, Mikroverfilmungen und die
Einspeicherung und Verarbeitung in elektronischen Systemen.

Diese Publikation wurde begutachtet.

www.peterlang.com

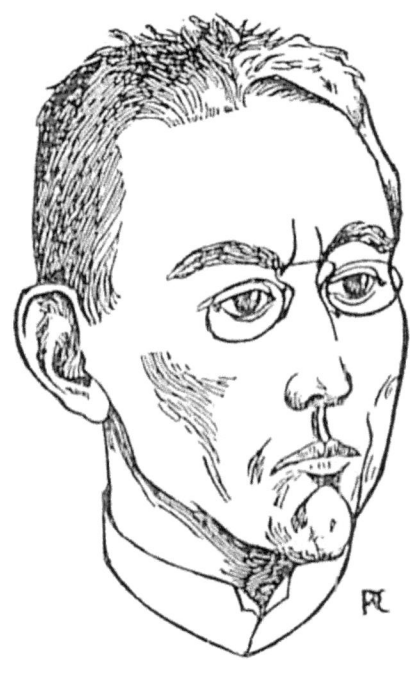

Johannes V. Jensen 1898
gezeichnet von Chr. Kongsted Petersen

Inhaltsverzeichnis

Einleitung zu Johannes V. Jensens (1873–1950) Werken 9
Jensens Übersetzerin Julia Koppel (1876–1937) 13
I. Augenblicksbilder 21
    I.0   Separate Stellung seiner Lyrik 21
    I.1   Dänische Gedichte / Digte 1906; texteingestreute Gedichte und Gelegenheitsgedichte auf Dänisch 21
    I.2   Übersetzungsprobleme bei „Interferenz" und „Bahnhof Memphis" und anderen Gedichten 23
    I.3   Snorris Einzelstrophen aus Heimskringla; Redaktion von Walt Whitmanns Gedichten (Dänisch) und Abgrenzung von der Prosa-Poesie 27

II. Querzeitbilder 29
    II.0   Erzählungen; Novellen; Romane, Mythen 29
    II.1   Himmerlandsgeschichten; Mr. Wombwell (Menagerie) [Ergänzung] 29
    II.2   Dolores [und andere] Novelle[n] 33
    II.3   Des Königs Fall, 1. Auflage: „Des Frühlings Tod", „Der Große Sommer", „Winter" in 3 Bänden; Neufassung JK; [Dänisches Buch des Jhs.] 34
    II.4   Das Rad [Dialog-Roman] 36
    II.5   Dr. Renaults Versuchung [Mephisto Parodie] 38
    II.6   Gudrun [Kopenhagener Frauen-Roman] 39

III. Überbrückungsbilder 41
    III.0   Mythensammlungen; Kunstform und Genre; Menschsein-Entwicklung 41
    III.1   „Die Welt ist tief …" [Zarathustra-Anklang] 41
    III.2   Der Gletscher [Evolutionsmythe] 43
    III.3   Das Schiff [Gründungs-Mythe] 46
    III.4   Kolumbus [Mythe] 47
    III.5   Norne-Gast (DLR, 3) 49

| III.6 | Die Stadien des Geistes [Evolution und Verwandlung (II)] | 51 |

IV. Zeitwenden ... 53
IV.0	Essays und Aufsätze	53
IV.1	Zug der Cimbern	53
IV.2	Die Neue Welt [Essays über Amerika und den verjüngten Humanismus]	55
IV.3	Unser Zeitalter [Essays]	58
IV.4	Verwandlung der Tiere [Entwicklungs-Mythen (I)]	60
IV.5	Hamlet als Däne; Goethes Stadien [Laudatio]	62
IV.6	Thorvaldsen og Oehlenschläger Büstenporträts / Charakter, Essay, (nur Dänisch) Swift og Oehlenschläger (nur Dänisch): letzte Veröffentlichung	64

Zusammenfassung ... 67

Literaturverzeichnis ... 69

Anhang ... 77
   Abb. 1: Schriftprobe von Julia Koppel 1914 ... 77
   Abb. 2: Karteikarte für Ausreise Gerda Koppel mit Todesvermerk und Karteikarte für Ausreise Julia Koppel 1918 über Gedser ... 78
   Abb. 3: Kopenhagen Politi Akte Julia Koppel 1937, Vorderseite ... 79
   Abb. 4: Kopenhagen Politi Akte Julia Koppel 1937, Rückseite ... 80
   Abb. 5: Statens Arkiver / Rigsarkivet, Schreiben vom 6. Mai 2014 ... 81

Einleitung zu Johannes V. Jensens (1873–1950) Werken

Zum ersten Mal wird eine Untersuchung der ins Deutsche übersetzten Werke des dänischen Dichters und Schriftstellers Johannes V. Jensen (1873–1950), die alle von 1907–1936 beim S. Fischer Verlag in Berlin erschienen, auf Deutsch vorgelegt. Als Medizinstudent bis zum Physikum an der Universität Kopenhagen gelang Jensen als Zeitschriften-Erzähler der Durchbruch. Seine deutschen Vorbilder waren nach einem Andenken-Beitrag von 1935 in der Jugend Heine und Goethe „Seite an Seite" bis ins Alter, seine skandinavischen Adam Oehlenschläger (lebenslang „ein echter Goetheaner") und Knut Hamsun, den Jensen nach dessen Vortrag 1897 in Oslo aufsuchte, und einmal „Heines Düsseldorf" wie einen „Wallfahrtsort" 1898 und Anfang 99, jedoch von 1896 bis 1936 sechsmal New York und von 1906–31 zehnmal Berlin, das ihn mit berühmt machte. Als von dänischen Zeitschriften finanzierter Korrespondent unternahm Jensen von 1902–1939 längere Weltreisen. Diese verwandelte er in seinem Hauptwerk als von Norden nach Süden abgebildete Zeitreisen.

Seine schnell „wie der Falke herabstößt" (1926) mit dem „Jägerauge" geschriebenen Werke sind auf Dänisch mehrfach und auf Amerikanisch einmal von Sven Håkon Rossel 1984 ausgelegt mit seinen rasch wechselnden Lebensstationen verglichen worden, nicht aber, unabhängig davon, wegen des etwas weniger schnellen Übersetzer-Deutschen, als Experimente mit neuartigen Genres auf Deutsch. Jensen entwirft in einer ihm eigenen bildhaften Sprache sein ganzes Oeuvre I. als **Augenblicksbilder**, **II. Querzeitbilder, III. Überbrückungsbilder** und **IV. als Zeitwenden**. Seine von ihm selbst beschriebene „primitive Zeugungskraft im Auge" (1929), also sein Scharfblick, wird hier auf Deutsch, das er ziemlich gut verstand, neu gewogen und beurteilt. Dieser Gesichtspunkt wird dadurch gestützt, daß Jensen, wie Goethe, Zeit seines Lebens auch als Maler beachtet wurde, während Oehlenschläger auf der Orgel spielen konnte. Auf diese neue gattungspoetische Weise werden die deutschen Übersetzungen seiner Erzählungen, Novellen, Romane wie Mythen, die als dialogarme

Genres oft im Vorabdruck erschienen, neben seine fast nur Dänisch überlieferten Gedichte gestellt.

Als ihm nach vielen Nominierungen 1944 der Nobelpreis für Literatur verliehen wurde, waren um 1930 seine Lyrik und 1936 seine Romane im Wesentlichen abgeschlossen. Diese Auszeichnung stellte ihn, als der Sieg der Alliierten absehbar war, spät auf die gleiche Stufe mit dem Nicht-Lyriker Thomas Mann und dem Dichter Knut Hamsun. Der gab seine norwegischen Gedichte zwei Jahre vor Jensen 1904 heraus, verlegte sie jedoch bei Albert Langen erst 1926. Hamsun konnte, anders als Jensen, kaum Deutsch; doch Jensens Bewunderung für Deutschland schlug ab 1933 nicht wie bei Hamsun in eine pro-nazistische Parteinahme um, noch forderte er wie Thomas Mann in zwielichtigen Radioansprachen vom sicheren Ausland aus zur militärischen Vernichtung des Deutschen Reichs auf. Vielmehr verbrannte der Däne als Neutraler und Hitlerverächter am 9. April 1940 die teilweise kompromittierende Korrespondenz mit seinem Verleger, sowie Tagebücher von etwa dreißig Jahren und Briefe mit deutschen Schriftstellern, vor den in diesem Monat nach Dänemark einmarschierenden deutschen Truppen und der sie gefährlich begleitenden Gestapo.

Dort war der seit 1934 unter dem Decknamen Henrik Philipp im Kopenhagener Exil lebende, 1933 ausgebürgerte Reichskanzler a. D., Philipp Scheidemann (geboren 1865) am 29. November 1939 gestorben. Bis dahin lebte er, vom Staatsminister Thorvald Stauning (1873–1942) geschützt, mit einem im Ausland gültigen dänischen Pass, am Strandboulevard 16, wo ihm seine mittlere Tochter Luise Scheidemann (1891–1955), die dort als Näherin arbeitete und fließend Dänisch sprach, unter ihrem wahren Namen und einem gültigen Deutschen Pass den Haushalt führte und seine Memoiren vortippte, ehe sie Frau Friedel Thieme in Reinschrift brachte. Später wurde sie Dänin unter dem Namen Luise Scheidemann Philipp. Ihr Vater hatte seine nachgelassene Schrift, den sog. Dritten Band, anders als Jensen, in Kopenhagener Erde wasser- und luftdicht vergraben lassen. Er hatte, vielen Schutzsuchenden gleich, Dänemark als „eine zweite Heimat … lieben gelernt", aus welchem Königreich die Familie seiner Frau als Dithmarscherin stammte. Verfasser übernahm die Aufgabe, diesen Dritten Band auf Wunsch des damaligen Kopenhagener Oberbürgermeisters, Hans P. Sørensen, und viel später, nach mehrfacher Ablehnung durch

Verlage, ursprünglich auf Bitten, später gegen den Willen der Enkelin Scheidemanns, gegen die abweisende SPD-Leitung, als Sammlung in fünf Bänden online erst 2010 in einem MV-Wissenschafts Verlag in Münster, mit Hilfe seiner Tochter Else Gellinek, sowohl philologisch korrekt wie auch genau formatiert herauszugeben.

Hier wird Jensens in Deutschland bis 1933 beliebten nordischen Schriften, die in flüssigen Übersetzungen mit hohen Auflagen dreißig Jahre lang gerne gelesen wurden, die Wiederbegegnung ermöglicht und eine nützliche Diskussion über Jensens Gattungsexperimente angestoßen. Diese Untersuchung will zeigen, daß der bewusst gewählte Titel <Sprachbildner und Querdenker> gerechtfertigt ist und mit der Verarbeitung des Ausgangs des Ersten Weltkriegs durch Jensen zusammenhängt. Für die führenden Querdenker der Weimarer Republik hieß es von der Perspektive der neuen Rundschau, XXV. Band 1 und 2 (1914) Abstand zu gewinnen. Damals standen sie alle der deutschen Seite positiv gegenüber: Sam Fischer selbst und sein Hauptherausgeber, Professor der Kunstgeschichte Dr. Oscar Bie, Gerhart Hauptmann, Thomas Mann (<Gedanken im Kriege 1914>, <Gedanken zum Kriege 1915>), und auch Johannes V. Jensen („Das Reich der Mitte", DnR 1914, 2, S. 1318). Die neue Haltung hing mit dem 1918 teilbesiegten „Pangermanismus" und seiner angeblichen „zivilisatorischen Macht" zusammen. Diese 1914 führenden intellektuellen Schriftsteller mussten sich 1918 nach der deutschen Niederlage von ihrer früheren Meinung distanzieren, am gewundensten Thomas Mann, von seinen <Betrachtungen eines Unpolitischen>, die erst reichlich spät 1918 erschienen waren und den entpolitisierten <Zauberberg> ironisch unterfüttern sollten. Der politische Traum blieb unerfüllt, aber Jensen verarbeitete seine Enttäuschung als querdenkender Dichter, und nicht wie Thomas Mann als Amateurpolitologe. Die heute nach dem unrühmlichen Ende des Zweiten Weltkriegs Jensen kritisierenden Sekundärliteraten (die die „Verweichlichung" in der „Wärme des Südens", etwa in Florida, nicht kennen gelernt haben), können leicht mokant über Jensens „krause Theorie der Menschheitsentwicklung" herziehen – damit ist über die künstlerische, sprachbildnerische Ausdruckskraft Jensens kritisch noch nichts Wesentliches gesagt. Erst auf die Verarbeitung dieser Enttäuschung in einer gewissen Unbeugsamkeit kommt es hier an. Wer heute immer noch nicht von den Grundlagen des apolitischen Primaten-Darwinismus überzeugt ist, und unkritisch dem Wahn einer biblisch genau datierbaren nicht-natürlichen Schöpfungsgeschichte anhängt, sollte den ersten Stein werfen.

Im Folgenden werden die deutschen Fassungen, die im führenden deutschen Verlag, der nach dem Ende des Ersten Weltkriegs mächtigen Auftrieb bekam, zwar aus zweiter Hand, und nicht original auf Dänisch vorgelegt, aber Jensens Werk sollte auch durch die Mitleistung einer norddeutschen Übersetzerin anerkannt werden. In Hanne Marie und Werner Svendsens' *Geschichte der Dänischen Literatur* wird Johannes V. Jensen als „des neuen Jahrhunderts ... **Dolmetsch**" gepriesen. Dazu gehört die Ergänzung: und unter allen Anderssprachigen war eine ganz bestimmte Dolmetscherin Johannes V. Jensens Meisterübersetzerin ins Deutsche. Von 1907 bis zu Sam Fischers Tod am 15. Oktober 1934 stand sie unter Vertrag, um für dessen berühmten Berliner Verlag Werke verschiedener Richtungen und abweichenden Kalibers von Jensen aus dem Dänischen zu übertragen. Nur Jensens *Digte* (Gedichte), die jütländischen *Himmerlandsgeschichten* und *Der Fall des Königs*, die alle vor dem Ersten Weltkrieg geschrieben wurden, enthielten Dialektteile. Diese wurden selbst von Skandinaviern als ausländisch empfunden mit der Folge, daß *Digte* im Ganzen nicht ins Deutsche übersetzt wurde, *Himmerlandsgeschichten* einem anderen Übersetzer anvertraut wurden und Jensen wegen einiger Stellen im Königsroman Reservationen gegen dieser Übersetzerins Stil gehegt haben soll. Vielleicht kamen sie vorübergehend wegen ihrer Übersetzung seines Intimfeindes, des homosexuellen Schriftstellers Herman Bang, den er bloßgestellt hatte, zustande? Es gibt jedoch eine handfestere Erklärung. Darüber verbreitet sich der in St. Moritz Urlaub machende Verleger am 5. März 1925: „Die ... Autoren aus Skandinavien teilen vielfach die Tantiemen-Honorare mit den Uebersetzern zu gleichen Teilen. Das ist im Falle des Erfolgs sehr viel". „Ich würde Ihnen Frl. Julia Koppel in Berlin empfehlen." (Ihre Absteig-Adresse in der Hauptstadt Berlin sei die Charlottenburger Pension Schmolke). Ihre Dienste wurden von sechs weiteren deutschsprachigen Verlagen in Anspruch genommen und deshalb konnte sie gute Bedingungen heraushandeln, die Jensen nicht befriedigten.

Jensens Übersetzerin Julia Koppel (1876–1937)

Von den bei S. Fischer verlegten Jensen'schen Büchern hat sie eine große Anzahl übersetzt. 1904 schrieb sie an ihren Mitübersetzer Drachmanns Gustav Falke: „Die Verleger, die nordische Literatur herausgeben ... haben meistens feste Verbindungen". Jedoch „... haben sich die Verhältnisse verschlechtert, seitdem Dänemark [1903] der Berner Convention [zum Schutz] beigetreten ist, denn da die dänischen Verfasser sich ihres Wertes bewusst sind, sind ihre Ansprüche nicht gering". Koppel ist in allen vier Hauptrubriken dieser Studie gattungsmäßig vertreten und benötigte nach unseren Berechnungen im Durchschnitt etwa anderthalb Jahre Bearbeitungszeit pro Buch; sie erscheinen meist 1, 2, seltener 3, einmal 7 Jahre nach der dänischen Erstausgabe. Sie wurde als „feste Verbindung" vom Verleger honoriert, so daß es bei guten Verkaufserfolgen auf Jensens eventuelle Bedenken nicht ankam. Ob der Herausgeber Fischer, wie neuerdings unterstellt wird, sich für Poesie weniger als für Romane und Essays interessierte, muss dahingestellt bleiben. Julia Koppel hat jedenfalls von 1922–1928 und bis 1936 im Ganzen gewiss fünfzehn Gedichte von Jensen übersetzt, die in Berlin in seiner Zeitschrift Die neue Welt herausgegeben vom S. Fischer Verlag, auch einzeln erschienen sind.

Wer war Julia Koppel? Es gab über sie bisher keine biographischen Angaben, außer denen ihres Passeintrags von 1914: mittelgroß, schlank, schwarzbraune Haare, blaue Augen, ovales Gesicht. Offenbar flicht die Nachwelt auch Übersetzern keine Kränze. Nach dem Geburtsregister des Hamburger Standesamts 1 von 1876 wurde sie am 17. Oktober 1876 als Tochter des Kaufmanns Marcus Moses Koppel (geb. 1835 in Fredericia) und seiner Ehefrau Helena Regina Dessauer (geb. 1848 in Aarhus) in Hamburg geboren, wo ihr Vater 1863, ein Jahr vor der Annexion Altonas durch Preußen, das Bürgerrecht erworben hatte und er seine Braut am 24. März 1868 nach jüdischem Ritus heiratete.

Sam Fischer hält 1925 brieflich Julia Koppel für eine Schwester des 1871 (in Kopenhagen) geborenen Henrik Koppel. Dieser war jedoch ein

Sohn des Staatsanwalts Menca Koppel, und damit Julias Vetter. (Vgl. ihren Brief vom 7.9.1915). Dieser wurde zunächst Buchhändler in Kopenhagen und ging dann nach Stockholm, wo er die Wochenschrift <Licht> auf Schwedisch herausgab. Er übernahm dann <Dagens Nyheder> und trat bei Ausbruch des Ersten Weltkriegs bei Gyldendal in Kopenhagen ein, wo er sich ins Direktorium hocharbeitete. 1917 gründete er dort einen eigenen Verlag, dessen Kunstbücher Bekanntheit erlangten. Schon 1934, fast zeitgleich mit Samuel Fischer, starb er.

Julias ältere, am 28. Oktober 1875 geborene Schwester Gerda Koppel, wohnhaft Rotherbaum, Johnsallee 11 (später „Judenwohnung" genannt), war Kunstmalerin und leitete zuerst am Glockengießerwall 23, danach, (wo auch ihre Schwester zeitweilig wohnte), am Mittelweg 169, eine eigene Kunstmalschule mit Telefonanschluss. Julia hatte Dänisch schon in ihrem großbürgerlichen Hause gelernt, und brauchte es nur noch in einer Kopenhagener Sprachausbildung und auf Reisen zu vervollständigen und um Norwegisch in Oslo und Schwedisch in Stockholm, wo sie wahrscheinlich bei ihrem Vetter wohnte, zu erweitern, so wie ihre Schwester ihre Malerinnenausbildung in Paris, München und Italien abrundete. Nach aufbewahrten Briefen hielt sich Julia in den Jahren 1902, 1904, 1907, 1910/11, 1913 und nach ihren Passeintragungen 1914/15, 1916, 1917/18, 1920, und 1922/23 in Kopenhagen meist im Hotel Cosmopolite auf; sie reiste auch einmal mit Gerda zur Erholung in die Schweiz und nach Fünen. Nach ihren Passanträgen reiste sie 1913, 1914/15, 1916, 1917/18 und 1920 nach Kopenhagen. Sie schrieb ihre im Ganzen zwölf Hauptübersetzungen für Sam Fischer (2.668 S.) 1907–1926 zumeist in Hamburg. Ihre hohe dänische Sprachfähigkeit kann nicht in Zweifel gezogen werden. Ihr norddeutscher Stil liest sich sehr flüssig. Ihre wiederholten längeren Aufenthalte in Dänemark geben Julia Koppel unter den zahlreichen Übersetzern Jensens eine unternehmerische Sonderstellung. Sie hat alle sechs Bände seines mit dem Nobelpreis ausgezeichneten Hauptwerks übersetzt. Ihr Verleger hielt sie 1918 für einen „guten, jüdischen Kaufmannskopf", der hier rehabilitiert werden soll. Sie hatte 1917 eine hohe Meinung vom Kriegsleben in Berlin: „In Berlin streckt man sich und wird so herrlich wach, nicht Kopenhagen, nicht Hamburg können sich damit messen." Sie fühlte sich dort „gesund und arbeitstüchtig". Es gibt zwei aussagekräftige Unterschiede zwischen den beiden Schwestern: Gerda, die Künstlerin, konvertierte zu ihrem Schutz am 16.5.1935 zum christlichen Glauben in die Evangelisch-Lutherische Kirche. Julia, die Schriftstellerin, blieb den Mächten schutzlos ausgelieferte Jüdin. Gerda war als Schuldirektorin ihr eigener Arbeitgeber und blieb bis 1938/39 vermögend, Julias Übersetzergehalt versiegte 1936 nach Bermanns Auswanderung in 1937. Als verarmte Jüdin unter Berufsverbot müsste sie versucht haben, Deutschland eher als Gerda zu verlassen und sich in Kopenhagen vor ihrer Schwester anzusiedeln. Sie erfüllte vielleicht die meisten Voraussetzungen, um ihre Aufenthaltsgenehmigung verlängert zu bekommen. Da Julia bis 1937 als Zwangsauswanderin aus Hamburg nicht registriert wird und dort auch nicht im Sterberegister erscheint, muss sie Hamburg als Lebende, theoretisch als Verheiratete, verlassen haben. Verf. hat ersucht, ihr Leben zu rekonstruieren.

In ihren von 1902 bis 1933 überlieferten Briefen präsentiert sich uns Julia Koppels anmutige, gestochen klare lateinische Handschrift, so wie es damals in Dänemark, nicht aber in Deutschland, wo Sütterlin galt, üblich war. Ihre dänische Handschrift ist offener und schwungvoller. Zweitens geht aus dem Inhalt auch eine schüchterne Zurückhaltung hervor, wo es heißt: „ich bin so ganz ohne Beziehungen". Da sie schon im ersten Jahrzehnt des 20. Jahrhunderts bei S. Fischer unter Vertrag stand, darf angenommen werden, daß sich Julia Koppel nach dem 1. Weltkrieg, wie andere auch, auf Schreibmaschine umgestellt hat. Denn auch Jensen hatte sich nach Auskunft der Handschriftenabteilung in Kopenhagen auf Schreibmaschine umgestellt, so wie seine Schwester, die ebenfalls bekannte Schriftstellerin Thit Jensen (1876–1957), auf eine deutsche <Erika>. Bis zu ihrem willkürlichen Berufsverbot 1936/37 übte Julia Koppel, zunächst in der Grindel-Allée 157, später auch in ihrem Elternhaus am Klosterstern, Jungfrauenthal 18 und ab 1933 am Mittelweg 169 wohnhaft, in unermüdlicher Arbeit ihre Übersetzertätigkeit aus. Während dieser fünfundzwanzig Jahre übersetzte sie über 30 Buchpublikationen: wie gesagt, neben Jensen auch Herman Bang, dessen Buch <Die ohne Vaterland> sie in ihrer Übersetzung Sam Fischer am 23. März 1908 persönlich übergab, Jens Peter Jacobsen, Holger Drachmann und eine August Strindberg Biographie. Für diesen interessierte sich verlegerisch auch ihr Vetter Henrik Koppel in Stockholm.

Julia korrespondierte mit Peter Nansen vom Februar 1909 bis Mai 1918. Peter Nansen, dessen Großvaters Name noch Nathanson gelautet hatte, lebte von 1861 bis 31. Juli 1918. Er war ein hervorragender Buchhändler bei

Gyldendal, wo er zwanzig Jahre lang zum Direktor aufgestiegen, zwei Verlage in Kopenhagen zu dem Gyldendalske Boghandel Nordisk Forlag Aktieselskabet fusionierte. Kurz vor seinem Tode ließ er seine autobiographische(n) Chronik(en) herausgeben. Nansen machte sich als „Lebemann-erotischer" Novellenschriftsteller in Dänemark einen Namen. Zehn Titel wurden von 1895 bis 1918 vom S. Fischer Verlag in Berlin auf Deutsch herausgebracht. In Nansens Todesjahr legte Fischer den 1. Band seiner Ausgewählten Schriften auf. Seine Übersetzerin war die hochangesehene Rostockerin Mathilde Mann, deren Ehepartner aus der Lübecker Thomas Mann Familie stammte. Niemand anders als Peter Nansen empfahl Fischer den aufstrebenden dänischen Autor Johannes V. Jensen (so *Briefwechsel mit Autoren*, S. 913), der in Berlin mit Madame D'Ora, übersetzt von Mathilde Mann, debütierte. Es gelang Julia Koppel, Frau Mann für die Neuauflage 1907 auszustechen, und im gleichen Jahr für „Die Welt ist tief" die Übersetzungsrechte allein zu übernehmen. Nun kommt die eigentliche Überraschung: nicht nur möchte sie nebenbei seine Theaterstücke und Novellen neu übersetzen (obwohl sie sein Deutsch dafür für gut genug hielt), sondern der Ton wird im Verlaufe der Korrepondenz immer privater, bis der Leser an ihren Anreden (kære ven, søde P. N., für seinen Gegenkuß dankend [19.03.15]) merkt, daß sie in ihn, der noch mit der Dänin Betty Müller verheiratet war, verliebt gewesen ist. Sie fügt auch gelegentlich Fotos von sich bei, nicht nur anfangs das Bild mit ihrem Hund, sondern auch zu Pferde und am Strand von Hornbæk auf Nord Seeland. Bei keinem anderen Korrespondenten kommt so etwas vor. Julia war also auch eine erotisch temperamentvolle literarische Vermittlerin (s. Brief vom 26. Januar 1917), während ihre Schwester eine maltechnische Erzieherrolle spielte.

Julias letzte Voll-Übersetzung brachte ein Jahr nach Erscheinen eines morbiden dänischen Romans von Jensen (der thematisch in Berlin unerwünscht war, aber nicht beschlagnahmt wurde) 1936 Dr. Gottfried Bermann Fischer in seinem offiziell ausgelagerten Wiener Exilverlag heraus. 1935 gelang es ihr in Kopenhagen, sechs Gedichte Jensens, die er den dänischen Komponisten Johannes Andersen (1890–1980) vertonen ließ, für seine zweisprachige Ausgabe ins Deutsche zu übersetzen:

„Völkerwanderungslied; Heimkehr; Vorfrühling; Der Buchfink; Die Nachtigall; und Abschied der Natur". Das (vierstrophige) „Völkerwanderungslied" verrät durch seinen Titel die Herkunft aus dem Roman

Kolumbus. Im ersten Gedicht geht es um eine Übersetzung im Goetheschen Stil:

1. Strophe

„Der liebe grüne Mai auf Erden wieder geht.
Sieh, Sonne tropft und Winde wehn lind.
Ergreift den Stock. Folgt mit im Frühlingszug,
mit Räderklang, und Deichselkarrn weit in die Welt hinaus!

{Refrain}

Und willst du gehen mit mir? Auf immer du
und ich! Mein schönes junges Lieb, mein
Wanderkamerad. Süße Lieb, Himmelsglück!"

Im Roman Kolumbus, S. 64, geht die 1. Strophe des Lieds der Völkerwanderung (ebenfalls in Julia Koppels, diesmal früherer Prosa Übersetzung) so:

1. Strophe

„Der grüne süße Frieden geht wieder auf
Erden. Seht, die Sonne tropft Feuer,
und der Wind ist mild. Südwind, Wandersinn!
Zieht den Wagen aus dem Haus nehmt den Stock
aus der Ecke! Folgt mit im Frühlingszug, mit
Räderknirschen und Deichselknarren, – weit in die Welt
   hinaus!"

Bemerkenswert ist eine Strophe aus Jensens Schwalbengedicht, das aus einer Saga (s. u. I.3) stammt, mit dem Singvogel als Sehnsuchtsmotiv.

4. Strophe

Zwei zu sein bei Tag und Nacht,

„Zwei Atemzug, ein Wohlgefühl!
Dunkel hinter, Licht voran, Weit in die Welt
hinaus! Der freie, grüne Wald hat Freistatt
uns gewährt. Wir kennen nicht das Ziel. Die Schwalbe
aber folgt. Schwalbensinn, Frühlingswind! O, folgt dem
vogelfreien Lenz Gen Süd, gen Süd! Wo Sonne winkt,
wir gehen und gehen und gehen und gehen. Weit in
die Welt hinaus!"

Hier setzt die Bildbarkeit des Schwalbenmotivs die ursprüngliche Isoliertheit beider Zugvögel voraus, ehe sie sich im Sinne der Romantik auf ihrem

Zug nach Süden vereinen und Träume Freistätten aufsuchen. Das ganze Gedicht *Svalerne* fußt auf einer Saga in Snorri Sturlussons *Heimskringla*, wie uns Per Dahl (WSS 17) gelehrt hat. Nun betrachten wir einen Ausschnitt vom Gesang des Buchfinks, der nach Heinrich Heine gehalten ist.

1. Strophe

> „Nun ist der junge Lenz erwacht, es stirbt
> der Mond in Wolken. Die Stadt im Sonnenscheine
> mit blanken Fenstern steht. Hört ihr des Finken froh
> Signal Mit lustig übermüt'gen Pfiff er füllt die
> Straßen, daß es schallt, und zeigt sich für sein Weibchen
> im Lindenbaume Titteriti! Ti!

2. Strophe

> Die Dachrinne gibt ihr gerne Schutz auf
> Eiern treu. Der Buchfink findet
> Wohnung geschickt in einer Stadt ...

3. Strophe

> Hellwach liegt in seinem Bett ein froher
> Lenzbekenner auf seinem weichen
> Kissen ein kleiner Hans im Glück ...

4. Strophe

> Das Paradies ist nicht verlor'n solang des
> Lenzes Stimmen durch Kinderseelen
> sprechen, darin wird Freud' geboren ...
> Denn Seele, Sinne, Bienen sind
> Melodien. Titteriti! Ti!"

Diese Gesangsgedicht-Sammlung wird an sechster Stelle mit dem Lied Abschied der Natur abgeschlossen. Die 1. Strophe beginnt mit dem Abschiedsglanz eines Apfels, der in einem Bauerngarten rot und blank leuchtet. Die 2. Strophe beginnt mit der Aufforderung an den Hörer: „O, preist der Jahreszeiten Flucht!" Die 3., tiefsinnige Strophe hört sich so an:

> „Atome, die im Raume kreisen,
> ein kurzes Leben ist wie sie.
> Der wundersamen Kräfte Spiel
> Du willst erforschen – doch erbebest:
> Denn weder Geist noch Wissen liebet
> Dich über das Naturgesetz."

Julia hielt sich 1933 im Hotel Cosmopolitane und 1934 im Damehotel auf; sie erbat (mit einem angeblich aufgegebenen Berliner ersten Wohnort) beim Justizministerium eine Aufenthaltsverlängerung bis März 1935. Für ihre Schwester Gerda wurde deren Aufenthalt erst fünf Jahre später zu riskant. Am 16.01.1940 wanderte die NS-verfolgte ältere Schwester, nach Zahlung einer Reichsfluchtsteuer, um ihr Leben zu retten, aus Hamburg vor dem Gestapo-Terror legal nach Kopenhagen aus. Dorthin konnte ihr Malgepäck, Bilder und ihre Bücher in einem Liftvan noch verschifft werden. Einen Tag vor der deutschen Landung wurde er noch gelöscht. Im April 1940 tauchte Gerda, unterstützt von ihren wohlhabenden Koppel-Verwandten in Charlottenlund, einem damals wie heute feinen Vorort, unter. Nachdem die Gestapo die Judenverfolgung auch in Dänemark organisierte, verstarb die herzkranke Gerda dort am 21. Juni 1941.

Das Schicksal ihrer Schwester Julia verlief anders, aber erfüllte sich ähnlich. Nach längerer Suche nach der Kopenhagener Polizeiakte, gelang es überraschend, das Rätsel ihres Verschwindens aus Hamburg zu lösen. Sie hielt sich ab Oktober 1934, also dem Todesmonat Sam Fischers, Sicherheit suchend, auch bei ihren Verwandten, u.a. dem Chefredakteur bei *Politiken*, Valdemar Koppel, abwechselnd in Kopenhagen, Hamburg oder in Berlin auf und ließ sich als deutsche Staatsbürgerin mit jüdischer Religion, ohne gültiges Visum, ihre Aufenthaltserlaubnis in Kopenhagen als Gast Übersetzerin dänischer Novellen zum letzten Mal am 16. Dezember 1934, auf den 1. März 1935, verlängern. Danach wurde ihr Aufenthalt bis 1936/37 offiziös geduldet. Wie war das möglich? Ehe das Justizministerium ihren gestellten Antrag abermals verlängern konnte, starb Julia überraschend am 8. September 1937 in Berlin. Die Kopenhagener Polizeiakte verweist auf den Nekrolog, den LL. (= Louis Levy?) über sie am 10. Sept. 1937 in *Politiken* S. 10 verfasste. Der Chefredakteur, Valdemar Koppel (1867–1949) hatte ihn veranlasst. Der 1. Absatz lautet:

„Eine intelligente und einnehmende Dame, die Übersetzerin Julia Koppel, ist ganz unerwartet in ihrem Heim [sic!] in Berlin gestorben. Sie hatte eine Reise nach Kopenhagen vorbereitet und ihre Koffer schon gepackt, als sie [vor]gestern Morgen in ihrem Bett tot aufgefunden wurde. Die Todesursache war eine Herzlähmung und sie starb ohne Kampf und Schmerzen, wahrscheinlich ohne es zu wissen – ein glücklicher Tod."

I. Augenblicksbilder

I.0 Separate Stellung seiner Lyrik

Der Augenblick als Ausdruck der Vergänglichkeit hat bei Jensen paradoxerweise etwas Beständiges. Er vertritt sozusagen den Zufall stellvertretend. Als ständiger Gast dieser Erde musste Jensens Steinzeitfigur Norne-Gast pausenlos umherschweifen. Er kam und er ging und konnte wie ein früher Christophorus Zeitalter schultern, tragen oder übersteigen. Er zog schnell seines Weges, auf dem ihm nichts zufällig begegnete. Kein Zeitalter vereinnahmte ihn als hilflose Beute. Seinen Wanderstab stieß er in die Erde, bis der krumm, wenn auch nicht frühchristlich wurde. Zwei der drei Nornen sagen ihm Glück, eine Pech voraus. Der 2:1 vielversprechend konfirmierte Jung-Gast musste immer weiterschreiten und so seinen Zeitenpilgerstab wieder gerade gehen. Obwohl Norne-Gast, die Hauptgestalt des gleichnamigen ‚Romans' (s. u.) als eine Art nordisch-weißer Gott immer unterwegs ist, bringt er überallhin Heimat mit. Sein Autor Jensen verbindet auf querdenkerische Weise, wie er 1914 meinte, einen „auf das Menschliche reduzierten" natürlichen Unsterblichkeitsglauben mit herausragenden Schicksalsorten Dänemarks, wie eine Vorsiedlung auf dem Platz, wo später Kopenhagen stand. Seinem irdischen Menschengast als Prototyp aller dichterischen Figurenbilder Jensens entsteht durch Arbeit das einzige Glück auf Erden, das Bestand hat. Und so lauten die zwei letzten Langzeilen (die fälschlich als vier Kurzzeiler gesetzt wurden) des ersten Teils der *Langen Reise*, übersetzt 1925/26 von Julia Koppel, aus Norne-Gasts Liederschatz als Wiederkehrmythe:
  Ich möchte immer wandern in freundlichen Wäldern
  In Deinen Armen berg' ich mich, taukühles Dänemark!

I.1 Dänische Gedichte / Digte 1906; texteingestreute Gedichte und Gelegenheitsgedichte auf Dänisch

In Jensens Hauptmetapher trägt eine Figur, genannt Nornegast, Jensens Großvaters Abbild, den Christophorus. Dieser Christophorus-Träger transportiert den Kolumbus als Sinnbild des „fliegenden Holländers" und als nordischen Kartenleser und Eroberer Mittelamerikas auf dem Todesgefährlichen Seeweg nach Indien. Obwohl vier Gedichte im Mythenroman Kolumbus (1922) eingestreut sind, erscheint ein weiteres Zentralgedicht zum Kolumbus-Thema kurz danach im Berliner Abendblatt vom 20.1.1923. Es feiert den 50. Geburtstag Jensens, der sich um diese Zeit nicht in Berlin, sondern in Norwegen aufhält. Der Übersetzer ist diesmal sein späterer Prosastilist Erwin Magnus (1881–1947), der väterlicherseits jüdischer Abstammung aus Hamburg war und 1917–21 und abermals im Zweiten Weltkrieg nach Dänemark flüchtete. Er pflegte seine zahlreichen Übersetzungen auf ein Drahtspulenaufzeichnungsgerät zu diktieren und ließ sie danach abtippen. Hier werden drei Ausschnitte aus Jensens Einzelgedicht „Kolumbus" vorgestellt und dann mit Julia Koppels losen Jensen-Versen aus dem Kolumbus-Roman in anapästartigen kurzen Abschnitten nachverglichen und vorgestellt:

„Und allein ist das Meer wie in Wolken der Mond, allein auf dem Meer. Die Mannschaft späht zagend nach Land, es stirbt sich so schwer; sie fürchten, das Schiff naht dem Rande der Erde, wo das Meer hinabstürzt mit Brausen, sie glauben, bei Steigen des Sturmes zu hören des Abgrundes Sausen."

„Du gabst uns die Erde zurück und betratest der Unsterblichkeit zischenden Schaum, nun deckt dein mächtiger Schatten den nie erreichten Traum." …

„Es ist kein Gott in den tosenden Wogen, es ist Christopher Columbus' Herz, das die neue Welt erschuf aus seinem Weltenschmerz."

Es sind auf Deutsch nüchterne und abgenutzt klingende Verse. Im Kontrast lauten die eingestreuten Verse Koppels:

„Der Morgen des Lebens bewegt dich, wie Tau eine Rose erquickt und Liebe aus ihrem Becher atmet."

„Die Welt wirft sich weg in Raserei, sieht sich selbst mit Schreck und Ekel – in deinem Neste erneuert sich alles."

„Roheit meint dich zu verraten; des Fleisches klägliches Rätsel wird in deinem Blut zu Gnade. Wenn das Leid seine Feuerschrift schreibt und das Entsetzen der Natur dich in den Staub reißt – gibst du Leben!"

„Was dauert unter den Sternen des Himmelreiches? Nur der Wind währt, indem er enteilt … Nach tausend Jahren hört man den Wind heulen. Das alte Weh spukt draußen.…"

Die gedichtkundige Julia Koppel reiht das fließende Bild des dem Wind enteilenden Christophorus Columbus über das Strömen der Zeiten hinweg und heftet es an den ewigen Sturm unvergänglicher Vergänglichkeit. Erwin Magnus durchschaut zwar, doch findet er die Verwandlungen Jensens dichterisch nicht wieder; Koppel trifft sie genauer und gestaltet sie nach Jensens dänischem Vorbild aus. Um es mit ihrem Verleger Fischer an Aage Madelung zu sagen: „Der Unterschied [– hier allerdings mit Frau {Else} von Hollander –] besteht nur im Temperament, in der Farbe und im Sprachklang, also im rassemäßigen…" Der Leser stockt überrascht. Dann aber schließt der auch nicht vorurteilsfreie Verleger seine Passage „Man muss aufpassen und die Uebersetzung controllieren." (5.3.1925). Jensens letztes (ungedruckt gebliebenes) Columbusgedicht [Nr. III] aus dem Jahre 1940, das ein paar Wochen vor dem Einmarsch der deutschen Truppen nach Dänemark entstand, ist das kürzeste; es ist der Form nach ein Epigramm. Es könnte vorläufig und risikobereit so übersetzt werden: Gelehrte besteigen Buchrücken wie Berge. Der kecke Träumer aber findet Weltreiche ohne Karte. Columbus war beides, Gelehrter, der unveröffentlichte Seekarten lesen konnte und ein seetüchtiger Visionär, der als solcher diese beiden Leidenschaften miteinander verband. Hier wird wie bei Lichtenberg ein Bild zuerst verkleinert, um kurz danach querdenkend vergrößert zu werden. In diesem Sinne übersteigt Kolumbus in Jensens Altersstil alle Hindernisse, auch Wellenkämme, als wären sie Berge. Anders klangen die Metaphern seines I. Columbusgedichts, das zuerst vollständig in *Madam D'Ora* 1904 als Song eingestreut und dann zwei Jahre später in *Digte* aufgenommen wurde. In dem letzten Statement übersteigt er wie ein Christusträger Berg und Tal, während er in Columbus Nr. I wie ein „fliegender Schiffer" wie gebannt auf seinem „Geisterschiff" stand und nicht sterben konnte.

I.2 Übersetzungsprobleme bei „Interferenz" und „Bahnhof Memphis" und anderen Gedichten

Hier sträubt sich die Feder des Verfassers. Was geschieht, wenn Abbilder aus dem dänischen Text zusammengesetzt werden sollten und die deutsche Übersetzung eins zu eins mechanisch den Text Wort für Wort übernimmt? So geschehen mit Prosa in Reimstellung in der äußerlich klaren Fassung, WTS Band 2, S. 110f. Übersetzung. Jensens wohl berühmtestes Gedicht „Interferens" bleibt schwer verständlich, wenn der Leser nicht angeleitet wird mitzuverstehen, daß sich zwei Wellenbewegungen einander nähern und sich daraufhin überlagern. Nicht mechanisch „Interferenz" sollte der Titel lauten, sondern „Überlagerung". Die Überschneidung wird nicht wellengekämmt, sondern verharrt in der Eindimensionalität, obwohl *rummelts* Dialoge statt *Monologe* dichterisch erwartet werden, die sich mit einer zeitlichen Umkreisung geräuschlos (*tonlos*) überlagern. Verf. bekennt ausdrücklich, daß er dieses Gedicht über des Dichters Bewußtsein selbst nicht besser übersetzen könnte. Es genügt aber nicht, einfach nachzusprechen: „Es sind die Monologe des Raumes, deren Ringe mit den tonlosen Kreisen der Zeit zusammentreffen." So bleibt die Bedeutung dunkel. In meiner Untersuchung des Dichtwerks von Adam Oehlenschläger stellte ich fest: „Seine schönsten und bekanntesten dänischen Gedichte, *Guldhornene* und *Fædrelands-Sang*, finden sich, wohl aus patriotischem Takt und dänischem Nationalstolz gar nicht übersetzt und absichtlich nicht aufgenommen"; sie wurden also zurückgehalten. So auch hier bei Jensen. Waren nur 10 % von Oehlenschlägers Gedichten auf Deutsch erschienen, so sind es bei Jensen etwa 20 %. Es ist kein Zufall, daß es keine deutsche Gedichtausgabe von Jensens Gedichtschatz gibt. Das Gleiche ist bei seinem großen Vorbild, Adam Oehlenschläger auch der Fall. Seine dänischsprachigen Gedichte sind ebenso intim. Sie sind gewissermaßen privat und werden allenfalls im Zusammenhang mit den Jahreszeiten allgemeinverständlich. *Digte* erschien 1906 unter Oehlenschlägers Titel nicht nur genau 100 Jahre später, sondern absichtlich an dessen Geburtstag, dem 14. November. Als zweitbekanntestes Gedicht Jensens gilt „Paa Memphis Station" (Deutsch: Auf dem Bahnhof von Memphis) aus dem Jahre 1904, das in seine *Digte* Ausgabe von 1906 aufgenommen wurde. Als Beispiel einer Abbildbarkeit des Augenblicks, bevor der Zug losfährt, greifen wir die 1. Hälfte der 13. Strophe heraus:

„Halvt vaagen og halvt drømmende,
slaät af en klam Virkelighed, men endnu borte
i en indre Gus af danaidiske Drømme,
staar jeg og hakkar Tænder
paa Memphis Station, Tennessee.
Det regner."

Bei Rossel und Wenusch lautet die Übersetzung folgendermaßen:

„Halb wachend und halb schlummernd,
geschlagen von einer klammen Wirklichkeit,
aber noch immer weit weg

in einem inneren Seenebel danaidischer
Träume, stehe ich zähneklappernd
auf dem Bahnhof von Memphis, Tennessee.
Es regnet."

Es gibt daneben eine bildstärkere Übersetzung von Hans Magnus Enzensberger:

„Halb wach, halb dösend, angeschlagen
von klammer Wirklichkeit, doch immer noch
befangen im Seenebel meiner Danaiden-Träume
steh ich hier, zähneklappernd,
auf dem Bahnhof von Memphis, Tennessee.
Es regnet." (1960)

„Halb dösend" ist angemessener als „halb schlummernd", „angeschlagen" ist genauer als „geschlagen", „befangen" passt besser als „weit weg". In der Quintessenz gibt der Dichter dem verlockenden Spießertraum von Bürgerlichkeit in den USA nicht nach und kehrt nach Kopenhagen zurück. Ein solcher stilistischer Unterschied besteht vergleichbar zwischen der Übersetzung von S. Foster Damon zwischen „in an inward seawind of danaid dreams, I stand and gnash my teeth"… (1922/1976) und „slapped by a dank reality but still gone in an inner fog of Danaedian dreams, I stand with my teeth chattering …" (Kenneth Tindall, 2006).

Eine umfangreichere, und genauere, sogar anthologisch bekränzt grundierte Interpretation von Jensens lyrischer Gesamtproduktion im Deutschen wird erst möglich sein nach dem Erscheinen der Gesammelten Werke auf Dänisch, weil viele Gedichte zuerst im Vorabdruck oder in Romanen erschienen, die Dichtung (auch nach seiner Jugendzeit) aber in mehreren Phasen vorgelegt wurde. Seine *Digte* erschienen in drei Ausgaben nach 1906 (1917, 1921 und 1923, neue 1926 und ausgewählte 1929). 1923 lagen *Aarstiderne*/Jahreszeiten vor. Damit ist das eingebürgerte Vorurteil, das Sven Rossel bekämpft hatte, endgültig ausgeräumt. Das sagt noch nichts über die Aufnahmefähigkeit lyrischer Texte durch das Publikum. 1937 folgen Gelegenheitsgedichte; die beiden Gesammelten Ausgaben von 1943 und 1948 bereiten die kritische Gesamtausgabe in zwei Bänden von 2006 vor. Die Dänischen Jahreszeitengedichte zeigen, neben der engen Verbindung zur Natur und ihren Wechseln, daß neben die dichterischen Augenblicksbilder gezeichnete Bilder von Tieren hinzutreten, Es ist eine

Gemeinschaftsarbeit mit dem Tierzeichner, Maler und Grafiker Johannes Larsen (1867–1961), einem berühmten insel-fünischen *outdoor* Spezialisten für prächtige Vogelzeichnungen. Das Schwalben- und Buchfinkgedicht kennen wir schon. Auch das Lerchengedicht gibt das Gezwitscher lautmalerisch wieder. Das Gemeinschaftsunternehmen zeigt aber auch an, daß das Genre im vierten Jahrzehnt des 20. Jahrhunderts als textliche Alleinherrscherin in den Augen von Verlegern – Gyldendal übernahm 1933 Jensens Mammutbuch ausnahmsweise nicht in Druck – und ihren Leserinnen erschöpft war. Es ist auch bezeichnend, daß Jensens Frühlingsgedichte vertont werden, d. h., musikalische Unterstützung erfahren. Werden Gedichte durch Grafiken oder Vertonungen vervollständigt oder sogar bereichert?

Unter den Gelegenheitsgedichten Jensens ragen die beiden Loblieder auf seinen Vater, den Tierarzt Hans Jensen (1843–1923) hervor, Min Fader [I] von 1918 und Min Fader [II] von 1923. In der letzten Strophe von [I] bedankt er sich bei seinem Vater für das Geschenk des Lebens, für sein Beispiel und für die „ehrenhaft verbrachte Zeit". Ergreifend dankt er in dem Abschiedsgedicht auf seinen verstorbenen Vater von 1923 ihm für dessen „Tierarzthände, als sie noch warm" waren und wie das „weiße Haupt stumm zurücksank" und seines Sohnes Einlenken als Glied in der Geschlechterfolge: „Bereite dich, Sohn, auf deines Vaters Schicksal vor!" Ganz anders gedenkt er des Todes seiner Mutter 1926: „sie lebte auf einer geräuschlosen Insel; eine einsame, abgehärtete, heidnische Seele. Waren Qualen langanhaltend, so war ihr Leben kurz." Mit ihrem Tod, meint er, verlöscht das Frühlingslicht auf ewig. In dem Lobgedicht auf Knut Hamsuns 70. Geburtstag von 1929 wird seinem verehrten Vorbild als Naturkraft gehuldigt, die weit in der Ferne als Stern auffunkelt. Charles Darwins Lobgedicht (1925) preist dessen Fähigkeit, das offene Buch der Natur zu lesen. Er habe uns die Natur, unserer aller Mutter, als Begutachter der Zeiten zurückgegeben. In dem 1929 auf sein leuchtendes Vorbild geschriebenen Lobgedicht auf Adam Oehlenschläger bekennt sein ‚Eleve', daß niemand so wie Dieser nach der letzten Dichtkraft als Wärmespenderin gestrebt habe. Mit seinem Verb „higer" knüpft Jensen an das erste Tätigkeitswort in *Guldhornene* an, das Jensens Leser – „in Dänemarks Arme gedrückt" – natürlich wieder erkennen. Auf Thorvald Staunings 70. Geburtstag ertönt 1933 der Dank des Vaterlands auf den „Landesvorsteher".

Es kam zu Staunings Todestag 1942 unverändert noch einmal heraus; die Verbindung Jensens zur Zeitschrift Social-Demokraten wird aufrechterhalten, insofern Jensens sog. „weltliche Kirchenlieder" dort z. T. platziert sind, in der Hoffnung, „kirchliche Gesänge abzulösen". Da dem Verf. der Wissenshintergrund fehlt, kann er nur beispielhaft auf „Die Erde und das Licht" (1935) verweisen, und zwar auf die Zeile „Hast du die Chiffre des Fossils in lebendige Sprache übersetzt?" oder auf „Das traurigste Lied" (1921) und auf „Tauwetter", wo Lachen als Quellen der Freude entsteht.

I.3 Snorris Einzelstrophen aus Heimskringla; Redaktion von Walt Whitmanns Gedichten (Dänisch) und Abgrenzung von der Prosa-Poesie

In den vierziger Jahren unternahm Jensen die große geistige Anstrengung, Snorri Sturlusons Abschnitt über die altnordische Ingen-Saga von fast 600 Strophen aus der Heimskringla zusammen mit einem anderen Schriftsteller, Hans Kyrre (1885–1964), der den Prosateil übertrug, zu übersetzen. 1948 war die Gemeinschaftsarbeit mit einem Vorwort von Jensen abgeschlossen. Es gibt davon noch heute bei Gyldendal eine dreibändige Ausgabe.

1919 gab Jensen zusammen mit dem Schriftsteller und Lyriker Otto Gelsted (1888–1968), einem Sympathisanten der Kommunistischen Partei Dänemarks, Walt Whitman's Gedichte, vor allem aus *Leaves of Grass*, in einer zweisprachigen Ausgabe mit ihren eigenen Übersetzungen heraus. Bezeichnenderweise benutzt Jensen die Gelegenheit, sich von Whitman's prose-poetic style, der viele Wiederholungen anhäuft, abzusetzen Mehr als dreißig Jahre später kehrt er zu seinem verehrten und geliebten Vorbild, Adam Oehlenschläger, zurück, indem er einen definitiven Essay über ihn und seinen Charakter verfasst, und veröffentlicht ihn an seinem letzten Geburtstag am 20. Januar 1950.

II. Querzeitbilder

II.0 Erzählungen; Novellen; Romane, Mythen

Bei diesem wortkargen Dichter und Schriftsteller herrscht der Erzähltyp der auktorialen Fiktion, auf Deutsch, der Er-Erzählung vor. Als Zwischenschicht im Querzeitbild schafft sie einen „Abstand innerhalb der Endlichkeit". Daneben gibt es gleichzeitig exotische Novellen und Romane, die später behandelt werden.

II.1 Himmerlandsgeschichten; Mr. Wombwell (Menagerie) [Ergänzung]

Die hier eingeordneten *Himmerlandsgeschichten* nehmen in mehrfacher Hinsicht eine Sonderstellung ein. Es sind jütländische, also vorgeblich Provinzgeschichten, Erinnerungen aus Jensens Frühjugendzeit. Sein geographischer Heimatort Farsø wird als Graabølle fiktionalisiert und literarisch berühmt gemacht. Als jütländische Erzählungen müssen sie gegen ein Vorurteil angehen, nur Vergangenheitsbilder von bloß regional-dänischer Bedeutung abzugeben, gewissermaßen als Darstellungen eingeborener Dürftigkeit. Diese Cimbernlandgeschichten werden als urmenschliche Erzählungen in der dritten Person im Kampf der Bauern gegen den alle gleich machenden Tod dargestellt und umgreifen so des Lesers Anteilnahme. Später fügt er bei den Neuerscheinungen (von 1898 über 1904 bis 1910) einige Ich-Erzählungen hinzu. Frühe Abschnitte verwenden, wie auch seine *Digte*-Ausgabe von 1906, Dialektdänisch, genauer gesagt, jütisches Plattdänisch, einen Ableger des *jydske lov*-Dänischen, das auf 1241 zurückgeht. So war der verlegerische Erfolg des erfolgsgewöhnten Samuel Fischer dieses eine Mal äußerst gering, obwohl es sich um ein frühes dichterisches Meisterwerk handelt, das eindringlich beschreibt, wie Alle den Tod als großen Gleichmacher ertragen lernen müssen.

Himmerlandsgeschichten reflektieren den Trotz eines Zeitalters, das wie in eine Nicht-Reise in die Tiefe der Natur, gepaart mit einem bäurischen

Vorsorgevermögen, eingebettet ist. Ihre Ausdruckskraft umfasst in einigen Passagen nicht etwa zufällig diesen Dialekt des Dänischen, den der von Fischer ausgewählte Übersetzer A. Rothenburg, genannt Mens, in ein abstoßendes Kuddelmuddelbairisch zu übertragen für nötig hielt. Z. B.: „Nix für ungut – aber, i hab halt a Kind, a krank's Kind; das kann den Lärm nit vertrag'n." Daraus macht die modernere Hinstorff-Ausgabe ausweichend: „sie möchten es ihm nicht verübeln – aber er habe ein Kind, das sei krank und vertrüge den Lärm nicht!" Beide Übersetzungen vermeiden das fremde Fachwort Epilepsie, Mens trifft jedoch nicht den passenden deutschen Ausdruck Fallsucht, wenn er sagt „fallende Sucht". Hier noch eine weitere krasse Stelle: „Wie i sag, die Menschen sein heutzutag viel zartischer und g'fühlvoller, als wie sie früher waren. Sie hab'n gelernt, was ma so braucht, sie können's a ausdrücken. Sie müssen allerweil außersag'n, was sie in Herz'n hab'n, und a Goldringl muß da sein, als a Petschaft auf die Red'." So geht es seitenlang weiter. Bei Stöbling heißt dies verbessert: „Wie ich schon gesagt hab, heute sind die Menschen zarter und gefühlvoller als früher. Sie haben gelernt, was dazu gehört, und sie können's auch so sagen, können ausdrücken, was sie fühlen. Und zum Beweis für ihre Liebe müssen sie goldne Ringe haben …". Zweifellos stellt die Übersetzung von Stöbling-Kosmalla eine Verbesserung dar. Beide treffen jedoch nicht durchgehend die Sprachpräzision Julia Koppels. So fallen diese Geschichten sprachlich und stilistisch auf als ein gewolltes Querzeitbild in einem nicht immer realistisch gemeinten Rahmen.

Bevor unser Ansatz vertieft werden kann, muss noch einmal auf die Übersetzung des Hinstorff Verlags, die Gyldendal in den achtziger Jahren des vorigen Jahrhunderts lizensierte, zurückgegriffen werden. In dieser werden zwar zwei Übersetzerinnen genannt, die eigentliche Umarbeiterin ist aber wohl Ruth Stöbling gewesen, während Frau Dr. Erika Kosmalla die Herausgabe mit einem klugen Nachwort besorgte. Sie war eine Literaturhistorikerin von Beruf. Diesmal, 1986, ist es eine flüssigere Übersetzung als die bajuwarisierende von Mens aus dem Jahre 1908 geworden.

Graabølle! „Diesen himmerländischen Ort wird man vergeblich auf der Karte suchen, der Name ist erfunden, aber das Dorf gibt es wirklich." Wenn man auf des Dorfs Hügelkuppe, die den geometrischen Punkt des Orts bildete, stand, so verlor man das Gefühl für Entfernungen. Dieses umgekehrte Dreieck stand dort in aller Zerbrechlichkeit „als ein Zeichen für die Porte zur Welt". Jensens „schönste Kindheitserinnerungen sind mit der Heide verknüpft und verschwinden mit ihr für immer." Seinen Ersatz bildete die „Entfaltung des Lebens, das an ihre Stelle getreten ist. Bloß Entfernungen erscheinen aufgehoben", weil alle Bauern jetzt Fahrräder besitzen. Fahrräder gehören zum dänischen Kanon wie auch, bis vor kurzem, Windmotoren und jetzt Windräder. Aber Graabøle verdankte einem Bauern, der die Himmerländer im Parlament vertrat, auch die Himmerlandsbahn. Doch „dieser Bahnbrecher einer neuen Zeit in seiner Heimatgegend" … „wurde auf einem der Bahnhöfe von eben diesem Zug überfahren. Ein Denkmal oben an der Kirche erinnert an diesen Typ wagemutigen Bauern", der nach Jensens Erfindungsgabe diesem Ort „zu Wachstum verhalf", mitwuchs und dabei getötet wurde. Eine zweite Geschichte: Der „stille", nicht über Gefühle sprechfähige Mogens vergewaltigt eine junge Dorfbewohnerin namens Martine, nachdem er in der Johannisnacht sehr ausdauernd hinter ihr her gejagt ist und sie sich lange gewehrt hat. Weil er weiß, daß er ein Verbrechen begangen hat, das nach Sühne ruft, zündet er Justs Hof, der abseits liegt und wo sie sich versteckt hält, an. Nachdem der Hof fast ganz niedergebrannt ist, wird sie unter einem Kellerloch entdeckt. Sie will die Schande nicht überleben, sondern entscheidet sich, dort unten den Erstickungstod zu erleiden. Nach Verweigerung sämtlicher Hilfsangebote zeigt sich schließlich der „stille" Mogens vor ihrem Kellerloch, das gerade erweitert wird und überredet sie, ihren Todeswunsch aufzugeben. Von ihm lässt sie sich retten und sie werden beide ein zwar wortkarges, aber nichts desto weniger glückliches Ehepaar. Hier führt der auktoriale Autor den Fall der Bekämpfung eines schimpflichen Todes vor und zeigt, wie die Sitte über das scheinbar unsühnbare Verbrechen den Sieg davon trägt. Nächste Geschichte: Eine alte Frau namens Ane führt ihre Kuh an einem Tüder auf den Marktplatz. Die Kuh sieht stattlich aus und es finden sich Kaufinteressenten. Aber diese Kuh ist nicht verkäuflich. Warum nicht, will ein Viehhändler wissen. Sie soll bloß „auch mal mit ihresgleichen zusammenkommen und ein bißchen Abwechslung haben". Die Bäuerin entschuldigt sich und geht ihres Weges zurück. Hier trägt eine gute Absicht den Sieg über die Sitte davon. Diese neue Betrachtungsweise einer Querzeit, die sowohl tolerant wie auch starrköpfig sein kann, führt einen Fall vor, der quer zum Horizont das Überzeitliche abbildet und herausstellt. Herbstnacht: Ein Landsknecht namens Jørgen erfährt während eines Zweikampfs, daß man dann, auch nicht blitzschnell, ein Gefühl in sich hochkommen lassen darf, „daß dies hier grenzenlos widersinnig und unnatürlich sei" zu töten. Während dieser lebensentscheidenden Sekunde ungedeckt, durchbohrt ihn der Stich des Gegners; Jørgen stirbt nach einem kurzen, sinnlosen Leben auf der Heide im Wind der Ewigkeit. „Der Wind kam vorbei, trug sein Flüstern einige Schritte weiter, verband es mit dem Rauschen der Heide und den Lauten der Nacht, jagte alles wieder auseinander und raste davon." Am Anfang seiner Vergänglichkeit nimmt Jørgen schon die Form seines Grabsteins an. Diese kurze Geschichte zeigt, daß ein Fechtender während eines Zweikampfs nicht reflektieren darf, ohne in den Tod zu rennen. Der zustechende Gegner trägt den Sieg davon und vermeidet so den eigenen Tod. „Kirstens letzte Reise": Ihr Neffe Christen fühlt sich verpflichtet, den Leichnam von Kirsten der Schmiedfrau trotz heftigen Schnees und Sturms in einem Leichenwagen in ihren Heimatort zu überführen. „Die Überanstrengung und die Kälte dieser drei Tage hatten eine Schicht von seinem Wesen heruntergeschunden." Während seines nachfolgenden eigenen Todes überkam ihn die Schwäche seiner Barmherzigkeit, die ihm und Kirsten während des Lebens eine Stärke gegeben hatte. Es gibt in Graabølle im Leben wie im Sterben keine ungebührliche Eile. In Graabølle eilt es sich mit Weile. In drei dänischen Ausgaben erweitert Jensen seine *Himmerlandsgeschichten* auf im Ganzen vierzig. 1936 wird *Mr. Wombwell*, eine Erzählung, die seit 1904 dazugehörte, vom Fischer Verlag mit fünf weiteren Erzählungen neu herausgegeben. Der Besuch eines Wanderzirkuses in Graabølle wird zur unerhörten Begebenheit. An dieser Erregung nehmen Vergangenheit und Zukunft der überrumpelten Graabøller teil. Mit allen Figuren verbinden sich bisher unerfahrene Schicksale der durchziehenden Menagerie, vor allem bei drei erregten Jungen, die davon ergriffen und verwandelt werden. Die anderen Erzählungen, „Thomas vom Brükkenhof", „Der Goldgräber", „Der Schütze von Lindby" und „Mortens Weihnachtsabend" werden von der Hinstorff-Ausgabe übernommen und gehören jetzt, mit Genehmigung von Gyldendal, zur deutschsprachigen Himmerlands-Erzähltradition. Wir greifen die eine neue Erzählung, „Die Jungfrau", heraus und führen sie als ein Beispiel an, wie zwei für einander bestimmte Geschwisterkinder namens Matthias und Birthe, die auch einander versprochen waren, und das geteilte Rittergut wieder zusammenführen sollen, durch die plötzlich eintretende unbeugsame Abwehrhaltung der Birthe für immer entfremdet werden. Aus Frust darüber verspielt und vertrinkt Matthias seinen Anteil und verwildert wie ein waidwundes Tier auf eigener Scholle. Es kommt nicht zur Inzucht, sie aber wird steril. Er flieht als gejagter Verbrecher und wird auf der Flucht in die Heimat in letzter Minute von einem ihn verfolgenden Hamburger Polizeibeamten erschossen, dem Birthe wissentlich anonyme Amtshilfe leistet, als sie die letzte Fluchtbrücke einreißen lässt. Der alte verwilderte Matthias verblutet und stirbt in ihren Armen. Ein bizarres Grabmal wird ihm dennoch auf eigenem Land errichtet. Diese schrankenlose Unbeugsamkeit überquert hiermit diesen Zeitabschnitt. Eine unaufhaltsame Trotzhaltung verdirbt und zerstört den Lebensweg zweier Menschen mutwillig, aber dennoch hilflos unzufällig. „Tausend Jahre hatte sie seiner geharrt, jetzt war er gekommen und hatte sich das Blei ins Herz geritten, in dem Augenblick, wo sie ihn wiederbekam." Der Augenblick verkürzt sich zum Todesschuss auf Matthias, verlängert sich aber gleichzeitig als eine das Weiterleben verdorrende Querzeit für Birthe.

Die Ergänzung der Himmerlandsgeschichten durch die Wombwell-Erzählungen wirkt wie eine gewaltsame Öffnung des Zeitrahmens. Dieser wird durch die Zirkusboten der Außenwelt, die durch Graabølle durchziehen, geöffnet, aber nicht gesprengt. Durch diese Abwechslung im dörflichen Lebenslauf wird Graabølle einer Querzeit ausgesetzt. Die Entfernung zur Außenwelt ist für eine kurze Besuchszeit geschrumpft, um am Ende nach Errichtung der Außenschranken wieder hergestellt worden zu sein.

II.2 Dolores [und andere] Novelle[n]

Unter Jensens Exotischen Novellen wird seiner Sammlung <Dolores> von der Kritik weniger Beachtung geschenkt, wahrscheinlich, weil nur die ersten vier Erzählungen neu sind, die zwei letzten, „Die Jungfrau" und „Wombwell" (s. o.), schon in <Mr. Wombwell> veröffentlicht waren. Dabei sind die Novellen alle vier Meisterwerke und tragen zum Verstehen der Beobachtungsgabe des Schriftstellers Wichtiges bei. Der Ort der Handlung, Sevilla, liegt ihm „wie das Skelett eines gestrandeten Fabelschwammes" am Fluß Quadalquivir. In einem Café nahebei wird Richard zum ersten Mal der bildschönen, aber noch minderjährigen Jungfrau Dolores, Tochter eines Tagelöhners, auf einem Schemel ansichtig. Er verfällt ihr und wollte – wie

„ein Ja für einen Zweifler" ihres „Wesens Geheimnis entschleiern". Das ist eine Metapher für die Defloration, zu der es nicht kommt; nicht einmal zu einem Kuß! Dolores, die Unverkäufliche, ist Antonio versprochen; sie sollen „heiraten, sobald die Aussteuer beschafft" wäre. Dieser Situation gegenüber empfindet er sich als „Sprachloser". Denn es ist ihm als Erzähler „seltsam ergangen": „Als ich anfing, falsche Lebenspoesie zu verfolgen, um sie auszurotten, wurde ich selbst zum Dichter". Im Verzicht ist er am Ende bereit, für Dolores' Aussteuer zu bezahlen. Als „Dilletantprophet" trifft er beim Abstieg vom hohen Berge Satan, dem gegenüber er eine Note als „falschen Wechsel" überschreibt, der nicht eingelöst wird. Wir befinden uns im Vorhof von einem späteren Roman, <Dr. Renaults Versuchung>. Die exotische Novelle „Arabella" gipfelt in der Rettung eines mittel= und papierelosen Seemanns/Steuermanns durch eine ihm befreundete Freudenhausmutter in Singapur, indem sie ihm einen Vorschuss auf Nimmerwiedersehen gewährt. Im „Kondignog", der Erzählung einer Menschen-Eidechse, die als Jagdmythe zuerst 1907 erschienen ist, wird die Rückverwandlung aus dem Tierreich in einen Menschen als Erzähllösung gefunden, weil ein fast verhungertes Proletarierkind sein Mitschicksal durchschaut. Wie in der bei Kafka, drei Jahre später, veröffentlichten <Verwandlung> steht das Bild im Anfangs- und Mittelpunkt. Bei Kafka handelt es sich um einen Käfer, in dem Gregor Samsa nicht von seiner Familie erkannt, geschweige denn erlöst wird, während die ihn umgebenden Spanier im Kondignog weiterhin einen Menschen erkennen, der als einer der ihren erlöst wird. In „Auf Schneeschuhen" wird bei der Abfahrt aus dem Holmenkollengebirge einer von drei Freunden, ein fast nicht skifahrender Jurist, auf dem Wettlauf zu Tal von seinen Freunden im Schneesturm vor dem Tode gerettet. Die Verwandlung im Leben als Abbild der Verwandlung zum Tode wird in allen, weit über das Exotische hinausgehenden Details, mit gnadenlosem Scharfblick vorgestellt.

II.3 Des Königs Fall, 1. Auflage: „Des Frühlings Tod", „Der Große Sommer", „Winter" in 3 Bänden; Neufassung JK; [Dänisches Buch des Jhs.]

Sam Fischer ließ sich manche prospektive Texte von mehreren Übersetzern probeübersetzen, bevor er sich entschied, oder, wie im Fall des nächsten Romans, umentschied. So erschien <Des Königs Fall> nach der ersten

Publikation von 1912 auf Deutsch, von einem Unbekannt gebliebenen übersetzt, 1931 von neuem, mit den Zusätzen versehen „Roman aus der Hansazeit", „übersetzt von Julia Koppel". Diese deutsche Handelszeit wird jedoch im Text gar nicht behandelt. Der Erste Teil, Des Frühlings Tod, spielt von 1497–1500 vornehmlich in Kopenhagen; der Zweite Teil, Der Große Sommer, 1520–1523 in Stockholm; der Dritte Teil, Winter, um 1535 im jütländischen Festungsgefängnis zu Sonderburg. Die klarste Übersicht des Geschehens bieten bis heute die beiden Literaturgeschichtler Hanne Marie und Werner Svendsen: „In <Des Königs Fall> untersuchte J. V. Jensen den geschichtlichen Ausgangspunkt des nationalen Elends und gab zugleich eine umfassende Kritik der Lage im dänischen Geistesleben um 1900, ...". „Im Vordergrunde des Buches steht nicht der König, sondern der jütische Dichter und Landsknecht Michel Thögersen, dem der Leser durch alle drei Teile folgt, während Christian II. nur für kurze Augenblicke auftaucht.". „Im Dritten und letzten Band ... wird die endgültige Niederlage geschildert." „Bei dieser Gelegenheit hörten die Dänen auf, ein nordisches Volk zu sein."

Anders Thyrring Andersen hat neuerdings bekräftigt, daß <Des Königs Fall> nicht einen historischen Roman darstellt, sondern einen „zeitlosen Raum in historischem Gewand"... „Also eine Mythe." Unter diesem Gesetz des Falls sagt Jensen es im Text selbst so: „Gott mästet die Lebenden, damit ihr Fall umso schlimmer werde, denn Gott und Satan sind ein und dieselbe Person" (Text S. 40). Ein vergleichbares Bild benutzte Jensen am Ende seiner Novelle Dolores. Der Tod wird als großer Gewinner dargestellt. Nach Andersen ist er „notwendigerweise das Schlussresultat des Lebens. Der einzig Glückliche ist derjenige, der tot ist." Und: „Der Gang der Geschichte ist überall dem Lauf der Zeit untergeordnet, da alle auf den Tod zufallen." Was den Leser eng an diese Dichtung fesselt, ist die ständige Begleitung des Todes, der sich überall einschleicht, in einen gesunden Körper, in einen verbrauchten Körper, ja bis nach Hause. Die stärkste Waffe des Todes aber ist nach Innen verlegt, es ist der Zweifel am Sinn des Weiterhandelns. Zuerst zweifelt der König an Dänemarks Verbundenheit mit Schweden, „nun zweifelt er an sich selbst. Das Schicksal des Reiches, die Lage des Heeres, Kampf und Gegenkampf, das alles wurde im Hirn" ... des Enkels von Johanna der Wahnsinnigen „zu Prozessen" „so zog der Zweifel seine Königlichkeit herab, und es blieb nichts übrig als ein fieberkranker unschlüssiger Mensch." „Wer zweifelt, wird niemals, niemals handeln, bis er die Sache fallen lässt, die ihn zum Zweifler gemacht hat." Michel Thögersen verliert sein Vaterland noch vor Christian II.; sie litten an Heimweh nach ihrem Vaterland (für den gefangenen König verengt auf ein Zimmer auf der Festung Sonderburg). Dort musste auch Dänemark in seinem Herzen sterben, so daß er, wie sein Dichter und Diener heimatlos wurde. Michel selbst „verlor den wahren Frühling [s]eines Herzens in Dänemark" (S. 123). Wie in einer Saga stirbt einer nach dem anderen, der schwächste zuerst, der zäheste zuletzt. Nachdem der Dichter im Hofdienst verstorben ist, muss auch sein Spielmann Jakob, der sich in der St. Johannisnacht im höchsten Silberapfelbaum aufhängt, verscheiden. Es ist eine strahlend-finstere Mythe gesungen auf Dänemark. 1999 wurde sie zum dänischen Buch des Jahrhunderts gewählt.

II.4 Das Rad [Dialog-Roman]

Da Sam Fischer 1907 gleichzeitig vier Bücher Jensens zum Druck vorbereiten ließ, konnte es nicht ausbleiben, daß er auf einen der drei Übersetzer, diesmal der Himmerlandsgeschichten, A. Rothenburg genannt Mens, zurückgreifen musste. Der Titel vereint ein Symbol, das sich in zwei Richtungen erstreckte, miteinander: die kleinen Räder der Pferdewägen, vor denen die abgemagerten Gäule gnadenlos zusammengepeitscht werden, wenn sie nicht schnell genug zogen, bis sie auf der Straße verendeten, zum anderen die Tausende von summenden Schwungrädern des anbrechenden Maschinenzeitalters. In Chicago führte die eine Seite „wie eine Brücke zur Unterwelt". Der eine Protagonist namens Ralph Winifred Lee geht in die andere Richtung zum Stadtzentrum. Oben surrte das Riesenrad der Freiheit und erscholl das Treiben der Fernzüge, die „den langen, trächtigen Sturzwellen des Meeres" und die „einem Rollen von tausenden von Rädern" glichen; das Rad der Bahnen „murrte ... in schwarzen Mahllauten" über der schweren Schlucht, die zur Illinois Central Station führte, unten verfolgte ein anderer Mann Mr. Lee. Wollte er diesen Aufdringling wirklich abschütteln? Ralph W. Lee verschwand, um der Kälte und der Gefahr zu entgehen, ins Restaurant „Bismarck"; Lee traf dort seinen Freund, den Zeitungsherausgeber Archibald Crane. Dem erzählte er von seiner Christoffer-Kolumbus-These als erstem Amerikaner. Die Behauptung Jensens lautet: das Zentrum des gotischen Geistes zog mit Kolumbus aus Spanien nach Amerika hinüber (S. 22). Auch die deutschen Traditionen gehören als artverwandt nach Amerika. Aus Freude über diesen ‚arischen' Anflug liest er einem anderen Bekannten, den er dort schon erwartet hatte, dem Millionär H. A. Gronau und seiner Tochter Margarethe, sowie ihrem fetten Bruder Hippo, an einem Nachbartisch in einer deutschtümelnden Biergartenlaube einige berühmte Verse aus Walt Whitmans „Grashalme" vor, z. B. „Ein Seefahrer der Welt zu sein, nach allen Häfen bestimmt ...". Als er lange vorgelesen hatte und plötzlich aufblickte, musste er dem Fremden, dem Unbekannten, der ihn verfolgt hatte, in die Augen sehen. Es ist aber nur der polizeiliche Aufpasser, Thomas A. Mason. Und er überwacht einen Mann namens Joseph Evanston, den Protagonisten des Romans. Denn Evanston ist auch ein anderer, er ist der Laienprediger und religiöse Apostelredner A. O. Cancer in einer Person. „Und hiermit beginnt der Kampf zwischen zwei Menschen, ... der „nur mit der Ausrottung einer der Parteien enden konnte, ... weil es für die andere das Leben galt." Wer steht sich gegenüber? Der faustische Dichter Lee, der später den mephistophelischen „Schädling Cancer ums Leben bringt", wie Inspektor Madsen fälschlich meint, hat sich „dem Materialismus als der wahren Poesie verschrieben." Dem Laienprediger, Schwindler, Sektengründer und Propheten, der „den geistigen Hunger der Massen zu stillen vorgibt, um Macht und Reichtum zu erwerben", (Svendsen S. 420) gelingt es, den urgesunden Schriftsteller und Dichter Ralph W. Lee, der „ein gewaltiges Völkerwanderungsepos schreiben will," zu einem seiner Gottesdienste einzuladen. Als Sektengründer und -präsident hält Cancer selbst die Predigt. Er predigt die Geschichte des Himmelsreichs „unter dem Gesetz der Entwickelung" (*Das Rad*, S. 153). Zugrunde liegt sein zynisches Credo: „dichte Bevölkerung wirkt hemmend auf die Religiosität, aber besonders auf den Unsterblichkeitsglauben" (S. 167). Die Reden darüber durchzieht ein altbackener Männlichkeitswahn, so wie er vor dem Ersten Weltkrieg verbreitet war. Die Zeit der Handlung wird durch zwei historische Begebenheiten bestimmt: der Eisenbahnerstreik fand in Chicago 1894 statt und der im Text erwähnte Wilford Woodruff war damals Präsident der LDS Kirche im Utah Territorium. Dieser Überlegenheitswahn wird dem Scharlatan Evanston alias Cancer in den Mund gelegt. Das konkrete Anliegen des Verführers lautet: Der Dichter Lee solle ihm eine neue Bibel schreiben. Daraus müsse sich ein religiöser Sektentrust verwirklichen und kontrollieren lassen, ähnlich dem Book of Mormon. Cancer hatte als jüngerer Mann seine Erfahrungen als Mormone gemacht. Allerdings wäre das Mormonentum an der Gleichberechtigung der Frauen, die ab 1870 im Territorium Deseret galt, gescheitert und ihr prophetisch inspiriertes Glaubensbuch wäre so schlecht wie ein „Evangelium der Talentlosigkeit an sich" (S. 189) geschrieben gewesen. Bei einem Zwiegespräch in Cancers Chicagoer Wohnung wird Lee dermaßen gereizt, daß er beim Abschied ihn mit der flachen Hand niederschlägt, jedoch nicht tötet. Er konnte sich zu einem vollendeten Totschlag an Cancer nicht entscheiden und wurde von diesem Moment an, wie der König Christian II. von Dänemark, zum nicht mehr handlungsbereiten Zweifler. Anders Cancer, der Volksverführer, der den Arbeitern alles verspricht und der dem streikbrechenden Multimillionär Gronau entgegengesetzt wird. Bei diesem Streik als Beispiel einer Querzeit, bleibt die Einigung hinter ihrer Zeit zurück, eilt ihr aber auch voraus. Vor dieser Zeit ist zugleich nach dieser Zeit. In jedem Falle steht fest: „der Geist Amerikas war die Arbeit" (S. 251). Das Werk einer zünftigen Tötung Cancers durch Lee kann letzterer selbst nach Empfang eines ekelhaften Judaskußes nicht zustande bringen. So steigt er wie in einem Kitschroman bei Gronaus Villa ein und fensterlt sich an zwei Bettlaken in Margarethe Gronaus Zimmer hinauf und verführt sie. Führerlos bricht der Streik zusammen, denn Cancer, sein Organisator, ist inzwischen zerfleischt und geschunden worden, ironischerweise jedoch nicht von Lee, sondern von Hippo Gronau, Margarethes überfülligem Bruder. Hippo wird ergriffen und in grausamer Rache gelyncht. Aber das Rad ist noch nicht zum Stillstand gekommen, sondern rollt noch. „Noch stand das Schwungrad", „noch donnerte es von den Bahnhöfen…", „das Rad, das schwer ist und Schwung hat und niemals stehen wird, so lange die Erde selbst dahin wirbelt im Sonnensystem…". Die Geschichte endet wie ein Kolportageroman: Ralph W. Lee heiratet Gronaus Tochter Margarethe, die sich in ihn von Anfang an verliebt hat, und übernimmt nach dem Tod ihres Vaters (der in Sagamanier genau bei Lees Rückkehr rechtzeitig erfolgt) dessen Firmenimperium und wird seinerseits zum Multimillionär. Hier obsiegt am Ende nicht der Zweifel, sondern die Tatkraft des Einzelnen.

II.5 Dr. Renaults Versuchung [Mephisto Parodie]

Da Jensen nach einer längeren Schaffenspause zu Goethes Faust zurückkehrte, kam ihm in den Sinn, eine Parodie auf die Verführung zu schreiben. Er beginnt wie Goethe mit einem Prolog, allerdings keinem im Himmel, sondern eingangs des Brennofens zur Hölle. Der Protagonist, ein totkranker Arzt namens Renault, wird von einem Evanston-ähnlichen Mephisto-Typ namens Asbest verführt, sein Leben durch einen mit Blut besiegelten Pakt zu verlängern. Ausbedungen wird, daß Renault in einer Faust-Parodie als der Verführte mit dem Verführer seine Identität tauschen muss. Ihr Vertrag enthält eine Ausstiegsklausel, wenn Renault die Lebensreise noch einmal wiederholen möchte, soll ihm das gestattet werden. Abgemacht werden elf Jahre, die mit einer Weltumsegelung auf einem Luxusdampfer beginnen sollen. Er verliebt sich in die Weltstarschwimmerin Anne Kielstra, ohne sie damals sein eigen zu machen. Es kommt zu einer Meuterei an Bord (parallel zu dem Eisenbahnerstreik in *Das Rad*); die reichen Passagiere müssen im Unterdeck Kohle schaufeln, nach welcher Vertauschung das Schiff durch Sprengung untergeht. Renault hat gewonnen; er taucht wieder am Eingang zur Hölle auf. Der Revolutionsführer Innis hat Kielstra geschwängert. Es muss ein Schwangerschaftsabbruch vorgenommen werden, den Dr. R. dem wenig kompetenten Schiffsarzt überlässt. „Die Begegnung mit dem ewig Weiblichen hat ihn nicht erlöst, sondern ihm Aufschub gewährt. Er wählt ein weiteres Leben auf der Erde." (S. K. Povlsen, WSS 17, S. 27). Dieser Verwandlungsroman bedient sich in bildhafter Folge einer Filmskripttechnik und rafft so den Querschnitt zeitlich fast aneinander. Wie der Luxusliner in Hafen nach Hafen anlegt, verwandelt der Autor die Figuren beim Andocken und bezieht sie aufeinander. Einen besonderen Eindruck macht der sich inkognito an Bord aufhaltende Mr. Innis, der Schiffseigentümer. Dieser überlebt ebenso wie Anne Kielstra (als Statue) und Renault in der Verlängerungsphase den Untergang. So beliebt bei den Lesern <Die Versuchung des Dr. Renault> sogleich nach Erscheinen wurde, so verrissen haben die literarischen Kritiker diesen im Ganzen unebenen Roman, als wäre er ein verspäteter Stummfilm. Denn: „Jeder Film birgt ein bezauberndes Moment: Leben und Bewegung auf die Leinwand gebannt." (Text, S. 63). Jensens Lesepublikum wird ein Opfer der Illusion von einander angereihten Bildern.

II.6 Gudrun [Kopenhagener Frauen-Roman]

Ging es in „Die Versuchung" noch einmal um die Schwierigkeiten der Evolutionstheorie und einer Dekadenz, so beschreitet „Gudrun" und beschreibt ihr arischer Übersetzer Bernhard Schulze den Anstieg der

Evolution von Mensch und Stadt am Beispiel einer exemplarischen Städterin und ihrer Heimatstadt Kopenhagen. Gudrun Christensen arbeitet mit Anerkennung als Sekretärin für den Autohändler L. Hollund, der amerikanische Luxuslimousinen verkauft. Ihr fester Freund heißt Manne, der anfangs bei der Müllabfuhr arbeitet, sich aber im Laufe der Handlung zum Ingenieur hocharbeitet. Am Ende des Romans heiraten sie. Beiden Geschlechtern ist es dann möglich, „von der Buntheit des Lebens erfüllt zu werden. Sie hat nun da sie „einen so friedfertigen Mann wie Manne bekommt" (WSS 17, S. 31). „eine Mündigkeit und Selbständigkeit erreicht". Es kommt zu einer Auseinandersetzung mit ihrem Chef Hollund. In einem Anflug von Raserei prallt er seinen Sportwagen an einen Baum und kommt ums Leben. Im Krankenhaus, als Gudrun, nur leicht verletzt, aufwacht, versöhnen sich die beiden jungen Liebhaber wieder und beschließen jetzt zu heiraten. „So präsentieren sie sich, am Ende ... „fertig angezogen und geschmückt zur Trauung: noch unabgenutzt vom Dasein, Kopenhagener Kinder im Jahre neunzehnhundertundeinigedreißig, gezeugt von einem Lande, das wie eine Insel mitten in einer bedrohten und drohenden Welt liegt, dessen Friede noch nicht angetastet ist." (Zur Hochzeit vorgetragen lauten die nicht vollständig zitierten 1., 2. und 6. Strophen auf S. 288–9:)

Nun wussten ihre Herzen:
Sie fanden ein neues Ich!
Verlaufne zwei, nun waren sie daheim,
Schenkten einander ihre Treue.
Hier ward gesät der Liebe Keim,
daß die Einsamen würden zweie.

Gedenke ihrer, lass dich mahnen,
Den Weg der Väter auch zu gehen!
Zur Andacht mahnt des Stammes Baum,
Und fruchtbar soll er sich erweisen.

Lass grünen ihn und reifen
In seiner Heimat Raum!

So hätte Julia Koppel die Befriedigung einer graden Abstammung nicht gefeiert.

III. Überbrückungsbilder

III.0 Mythensammlungen; Kunstform und Genre; Menschsein-Entwicklung

Meine Definitionen sind so gemeint, daß sie als erzählende Bilderfolgen gleitend ineinander übergehen. Also der Übergang erweitert den Rahmen, setzt ihn aber auch fort. Im Überbrückungsbild selbst nehmen von Fall zu Fall eventuelle Wirklichkeitsbeschreibungen ab, mythische, welche die Realität überheben, in den einzelnen Abbildungen jedoch zu. Die Mythe unterliegt der Entwicklungslehre, ist daher zugleich progressiv als auch festhaltend, hauptsächlich etwas Gegenwärtiges und etwas Vergehendes abbildend. In der Mythe treffen Zeit und Raum aufeinander, wobei der Raum die Zeit überbrücken hilft. Der Fortgang wird durch die erzählte Überbrückung überhaupt erst ermöglicht. Die Erzählfurt wird meist verengt, bevor sie sich wieder erweitert. Als Schriftsteller stellte Jensen von 1901–1944 im Ganzen fünf Mythensammlungen in zehn Auflagen zusammen, in denen 130–150 Einzelmythen erfunden und ausgearbeitet werden. Nur die ersten Zwei Mythen-Sammlungen wurden ins Deutsche, und zwar beide von Julia Koppel, übersetzt. Zuerst handelt es sich um kleinformatige Novelletten, wie etwa „Entschwundene Wälder" oder „Der Kondignog", dann um ausgereiftere Novellen und schließlich erweitert sich der Erzählrahmen bis zum mythischen Roman oder zum romanhaften Mythus. Die selbstgeschaffene Mythe macht also bei Jensen als Kunstform und ausgebildetes Genre eine Erweiterung durch, umfasst Menschsein und Tierverwandtschaft sowie Tierverwandlung. Es gibt aber ebenso Mythen in thematischer Essayform. An unserem Ausgangspunkt erreichen wir an dieser Stelle die Novellenmythen-Sammlung:

III.1 „Die Welt ist tief ..." [Zarathustra-Anklang]

<„die Welt ist tief..."> erweckt den Eindruck, daß er sich mit „Zarathustra" auseinandersetzt. Wie schon bei den das Mythische berührenden

beiden Romanen, <Dr. Renaults Versuchung> und <Gudrun>, greift Sam Fischer auch diesmal auf Julia Koppels Talent zurück. Bei der zweiten Novelle, der uns schon bekannten „Dolores", muss es sich um eine Umarbeitung handeln, die (wie auch Nr. 3, „Louison") auf 1899 zurückgeht; die erste und vierte Novelle entstand in den Jahren 1903 und 1904. In ihrer angeordneten Reihenfolge wurden sie nach Jensens Kopenhagener Vorwort (übrigens eine Seltenheit bei seinen Novellen) in Chicago, in Paris, im englischen Dover und abermals in Chicago geschrieben. Das Vorwort schließt mit der ironischen Pointe, ob sich Deutschland in diesen „entschwundenen" Geschichten wiedererkennen und ihn „… dann jetzt haben will"? Schon bei der ersten Kleinmythe dieser kürzeren Sammlung vertieft sich die Welt eines Sklaven, insofern „seine Sehnsucht unendliches Zögern in die Zeit brachte, <und> sich auch der Raum um ihn <erweiterte>".

So wie ein junger Russe in Paris, der von einer Pferdedroschke von oben nach unten schaut, auf „versteinerte Seelen <sieht>, für die ein Tag hundert Jahre sind und das Leben ein Tag" (S. 96), weil er glaubt, seine Verliebtheit werde lange Zeit dauern. Andrerseits wird des Verkehrs „Unordnung von der Interferenz zu einem Rhythmus gehämmert". In Jensens Gedicht, Interferenz, [s. o.] „heult und gellt die Stille. Das Geräusch kommt aus der Leere zwischen mahlenden Steinblöcken", wie Knud E. Løgstrup uns beigebracht hat. Danach ist die sinnlich erfahrbare Welt <-> nicht sinnvoll. Sie sei, so Jensen, bloß „eine traurige Fiktion". Auch Paris kommt als Anblick zu seinem Recht: „Es war, als ob eine kleine, schwarze und enge Kugel sich geöffnet und Funken über den gewaltigen Raum gegossen hätte" (S. 106). Als dem Paris besuchenden Russen eine Konkurrenz sich „seiner" Freundin Luison sehr annäherte, merkte er, daß die Uhr abgelaufen war. Wer würde wen fallen lassen? Er würde es sein. So verließ er überraschend Paris. Der Künstler hofft, dem Leser in einer ähnlich misslichen Lage ein Beispiel gegeben zu haben.

Malaische „Wälder" ist eine sehr exotische Mythe. „Es gibt hier alles, was die Mythe begehrt, Zeit in Hülle und Fülle und die innere Unendlichkeit". Jensens Mythenstil wuchert hier fast in die Unendlichkeit, ausgedrückt etwa in einem Satz wie „Die Galeeren sind das schöne Parlament des Reiches in drei Kammern …". Es geht um Jagden auf freigegebene Tiger, die sich nebenbei von Klippspringern ernähren, und um zahme Affen. Der tiefere Zweck dieser Expedition auf den höchsten Berg von Birubunga in Hinterindien wird erreicht, als der Autor den geistigen Gipfel des mysteriösen Islams erklommen hatte, „nachdem der Prophet <ihm> ins Ohr geflüstert und <er> ihn verstanden und gelacht hatte (S. 248). Die Erinnerung an Zarathustra wird der Lächerlichkeit preisgeben. Heute würden solche beschreibenden Aufnahmen als Dokumentarfilme mit Fortsetzungen geliefert werden.

Die Lange Reise (Dänisch, sechs Bände) Deutsch nur einzeln, z.B.:

III.2 Der Gletscher [Evolutionsmythe]

Nach Jensen soll der mythische Bericht die erzählerische Ausstattung besitzen, daß er jedesmal „Zeit und Raum überbrückt". Am ausführlichsten hat sich Anders Ehlers Dam mit Jensens Mythen-Verständnis (in WSS 17) befasst. Er referiert Jensens eigene rückblickende Kurzformel von 1946 so: „Der Roman kriecht dahin, die Mythe ist sprunghaft". Sie hat eine „kurze, kristalline Kunstform". Ohne Jensens Kenntnis von Ernst Haeckel wäre er nicht zu ihr vorgedrungen. Nach Haeckel sind sogar die Kristalle beseelt, (*Kunstformen der Natur*, 1899–1904). Dann bringt Dam diesen Zusammenhang auf den Punkt: „Jensen steht im Gegensatz zu einem sowohl individualistischen Humanismus, der ... die Menschheit über die Natur erhoben sieht, als auch zu einer irrationalistischen „neuen Mythe", die danach strebt, das Kollektive und Gesellschaftliche zu mythisieren und zu ästhetisieren." Es geht Jensen um eine Beschreibung: „stückweise, Bild für Bild ..." (*Ästhetik und Entwicklung* 1923) und Jensen glaubt, daß er die moderne Mythe selbst entwickelt hat. Seine berühmteste Mythenverarbeitung wird früh durch *Den gotiske Renaissance* (1901) vorbereitet. Gotisch steht hier stellvertretend für nordisch-angelsächsisch-germanisch.

Die Sonderausgabe Fischers von 1932, die er „Ein neuer Mythos vom ersten Menschen" untertitelte, hat eine komplizierte Vorgeschichte. Auf Dänisch erschien Der Gletscher zuerst, Das Verlorene Land elf Jahre später; die Zusammenfassung *Den Lange Rejse* bei Gyldendal lag noch in weiter Ferne. Auf Deutsch erarbeitete Gertrud I. Klett den deutschen Text der Erstausgabe des Gletschers 1911, Julia Koppel Das Verlorene Land 1920. Als Fischer sich 1931 entschloss, ordnete er beide Titel nach Konsultation mit Jensen, der sich damals zum zehnten und letzten Mal in Berlin aufhielt, so an, daß Das Verlorene Land zur Vorgeschichte deklariert wurde und, daß Klett ausgestochen und Koppel, auf ihr Drängen, mit der Gesamtübersetzung aus einer Hand beauftragt wurde. Es fällt jedenfalls auf, daß Den Lange Rejse, die Jensens Freund Aage Marcus betreute, 1938 die ersten beiden Bände in der fischerschen Reihenfolge beibehielt. Aage Marcus konnte sehr gut Deutsch. Diese Romanfolge bringt das Zeitalter der Urzeit, in dem sich der Mensch vom Tier durch Erfindung des Feuers ‚abzweigt', in Vorgeschichte des Zeitalters der Eiszeit als Entwicklungsgeschichte des Menschen heraus. Das erste Wesen, benannt Fyr nach der Entdeckung des Feuers, stiehlt das Feuer „am Ende eines Astes" aus dem ausbrechenden Vulkan. Der Mythus erzählt „in dramatischem Zeitraffer die Evolutionsgeschichte von Natur und Kreatur vom Ausbruch der Eiszeit in Skandinavien bis zu ihrem Ende in der Spanne weniger Generationen", wie Bernd Henningsen in seinem sehr übersichtlichen Aufsatz mit eigenem Werktext klarstellt. Als Generationsmitglied des Jahrgangs 1945 kann er sich nicht vorstellen, wie stark der Rassismus auch im Norden verbreitet war. Sam Fischer, wie wir gehört haben, war nicht frei davon. Bis zu Martin Luther King waren wir alle, Verf. eingeschlossen, etwas rassistisch angehaucht. Welcher Skandinavier ist bis 1933 nicht auf den alten, überlegenen Wikingergeist stolz gewesen? Rührte nicht ihrer Lesermeinung nach damals noch „in der Schar der Menschen ewige Unruhe"? Die Beschreibung „des Mannes vom Verlorenen Land" – welchen Leser schmeichelte sie nicht, ja, so möchte auch er einst gewesen sein. Dieser Urmann sammelt seine Schar und zieht sie in seinen Bann. Er hält in seiner Person diese zeitraffende Überbrückung aus. So lange das Feuer brannte, blieb man an einem Ort. Es forderte Seßhaftigkeit heraus (S. 125). Das Feuer machte die Werkzeugskunst möglich. Stab und Stein bedingten einander. Der Feuerstein gab scharfe Ränder her. Fyr schärfte und schäftete sein erstes Beil. „Doch war die Zeit nicht mehr fern, wo der Mensch seine Waffen gegen sich selbst richtete „und sein eigener bitterster Feind wurde" (S. 137). Eines Tages brach der in Indonesien gelegene Vulkan aus und „[verlangt] … die Menschheit in einer Person" (151) und Fyr wurde in diesem Unglück menschenfresserisch als Opfer verzehrt. „Sein Ruhm und die Bilder, deren man sich bediente, um seine Eigenschaften zu beschreiben, gingen in die Sprache über." Der Mann hatte den Platz des Berges eingenommen und musste daher geopfert werden. Seine Mutter Weh kroch heran und legte sich neben ihn ins Feuer, um mit ihm zu sterben. Dann aber lag plötzlich

Schnee auf dem Berg als „erster Vorbote des Gletschers". *Der Gletscher* schildert den Zeitabschnitt der Eiszeit; die zurückbleibenden Menschen können nicht länger nackt herumlaufen, sondern tragen Fellbekleidung. Die Hauptperson aus dem Stamm Fyrs heißt Dreng. Unnachgiebig schlägt er solange auf den Flintstein ein, bis dieser Feuer fängt. Er begegnet Moa am Meer und zeugt einen neuen Stamm. Sein auserwählter Nachfahre namens Hvidbjörn wird von der „Sehnsucht nach dem eisfreien Meer und den verschwundenen Tropenwäldern südwärts getrieben; er erfindet den Schlitten, das Schiff und den Wagen und kehrt zum Schluß zu seinem Volksstamm zurück" (Svendsen). Jensen schildert das große Tauwetter so: „Alles ward Hvidbjörn geschenkt. Als er, verflucht von seinem Volk und vogelfrei erklärt, landflüchtig ward, ließ ihn sein Schicksal den Weg finden zu milderen Himmelsstrichen, in ein Paradies voll Wild (in dem dieser Mensch sich niemals heimisch fühlte)". „Aber jedes Frühjahr zündete Hvidbjörm" (für sich und seine Söhne) „einen großen Scheiterhaufen zur Erinnerung an den Reichtum und die verschwenderische Großmut der Erde" an. Seine Frau Vaar, „die natürlich nicht eingeweiht wurde in das, was Hvidbjörn und die Söhne, die maßlosen Männer, unternahmen, näherte sich in aller Stille der Erde auf ihre eigene weibliche Art – voll Dank für das Feuer, das jetzt auf ihrem Herd brannte" (S. 353). „Ihr Pakt mit der Erde und die zahmen Tiere waren Vaars Glück gewesen in all den Jahren, in denen sie ihre Kinder geboren und sie hatte groß werden sehen, …". In der Stimme des Blutes lag es, daß Hvidbjörn sich ein Schiff zimmerte, und als der große Wanderfrühling kam, lag es „fertig, den Drachenrachen aufgerissen, hungrig gen Meer zugewandt" (386). Die Grävlinger, seine heimlichen Feinde hatten in seiner Abwesenheit, Haus und Hof und Schiff verbrannt, seine Frau samt Tochter und seinen halbwüchsigen Sohn Orm zu Tode gefoltert. Dann vergleicht der Dichter den Lieblingsbaum des Nordens mit einer Frau, „der das lange Haar über das Gesicht fällt" und die Birke weint in tiefer Trauer. „Denn sie träumt, daß ihre Krone blutiges Haar ist und jedes Blatt eine blutende Wunde, bis der Schneesturm sie wieder einhüllt. Der zitternde Baum in der wundervollen Nacht des Nordens ist Vaar, die milde Vaar." (393), Das Ende der Mythe steht im Zeichen des Hammers, denn in seiner furchtbaren Rache übt er mit dem Hammer die Rolle Thors aus. Er ließ erst ab von der Wiedervergeltung, als ihn seine Söhne kniefällig darum baten. Er segelte solange auf dem Meer, bis er

Upland, sein und Vaars Heimatland wiedergefunden hatte. Sein einzigartiger Sohn Varg wurde der erste Pferdebezwinger. Er und seine Brüder ritten über die Erde. Sie würden es lernen, Pferde zu zähmen. Denn die Pferde und die Menschen waren in der Urzeit Freunde.

III.3 Das Schiff [Gründungs-Mythe]

Was für die Vorfahren „Kampf ums Dasein" gewesen ist, glaubt Jensen zu wissen, ist für ihn und damit vermittelt an uns, seine Leser, hier „zur Poesie" geworden. Wie eine Art vorbereitende Kriegsliteratur war dieser neue Roman im Vorabdruck in *Die neue Rundschau*, XXV, 1914, Band 2, platziert worden, „um das Himmelreich zu erobern". *Das Schiff* symbolisiert eine Symbiose zwischen wandernder Wikingerzeit, ihrem „Lawinengemüt", das „die fruchtbare Kindheit des Menschentums" ausfüllt, vor allem „die Kraft der nordischen Natur, das gewaltige Spiel der Jahreszeiten mit dem Leben, gesammelt im Frühjahr". Als Darwinist ist er davon überzeugt, daß „die unbewussten Kräfte ursprünglich dem Rhythmus der Jahreszeiten <entstammten> und sich zu Charakterzügen ausbildeten, vor allem in den beiden Helden der Erzählung Germund und Gevn. Die Wikingervorfahren sind der Stamm, „in dessen Seele sich der Frühling erweiterte". „Das Motiv" dieser Sehnsucht auf den Schiffen, die mit jungen Ruderern und Kämpfern bestückt sind und in die Ferne auslaufen, „ist das alte, die Sehnsucht, die Erweiterungskraft des Gemüts, die sich in Generationen von Meerumseglern und Weltentdeckern fortsetzt, aber nie das Ziel ihres Strebens zu sehen bekommen hat." Als die junge Mannschaft unter Björn Eisenpanzer auf den Balearen einen Zwischenaufenthalt einlegte, kamen ihnen die Jungfrauen freudig entgegen und der Leser wird an Homers Odyssee erinnert. Die Balearen waren „die seligsten Inseln, die die Wikinge bis jetzt gefunden hatten". Aber Italien verlockte noch mehr. Alle sagen vom Himmelreich, es versammele sich vor Rom, das die Lodbrogsöhne der reichen Beute wegen einzunehmen gedachten. An einer Stelle wird die erste Wikingertaufe von ihrem Standpunkt aus als „derber Spaß" bezeichnet. Die Christen wollten es den Nordländern verbieten, Pferdefleisch zu essen, „die heilige Speise ihrer Vorfahren" (Das Schiff, S. 142). Durch das Taufbad erlangte man hier nicht die Unsterblichkeit. „Rom" wird durch eine nordische List eingenommen. Der gar nicht tote Wikingerhäuptling lässt sich in einem Sarg hineintragen, springt im richtigen Moment heraus und spaltet dem Bischof den Schädel. Nur leider war es nicht die berühmte Stadt Rom, die die Nordmänner eingenommen hatten, sondern bloß Luna. Beim Plündern und Zerstören tröstete man sich mit geraubten Wertsachen. „Reibungen um Zweikämpfe um die Beute, hauptsächlich bei Verteilung der weiblichen Gefangenen, waren an der Tagesordnung. *Das* dialogarme *Schiff* beruft sich auf eine Chronik als eine Art Logbuch. Es registriert häufiger als vorher das Heimweh nach dem Norden. Als sie wieder angekommen waren, hatte „die Träumereise ihren Glauben an das, was sie besaßen, gestärkt". „Der alte, der echte Traum vom Himmelreich aber war nicht erloschen, der ging in späteren Jahrhunderten bei anderen Nordländern und unter neuen Formen um, in den Kreuzzügen und der Entdeckung Amerikas". Aber über die Lage des Himmelreichs, an das sie jetzt glaubten, konnten sie sich nicht einigen. Erst ganz am Ende, gelingt es Germund, seine Gevn in aller dänischen Lieblichkeit der Heimat wiederzufinden. Er erkannte ihre „kühle Süße" wieder. „die Haar und Mund ausströmten, „ein(en) Duft wie nach Regen, Sommerregen und Wiesen auf den dänischen Inseln…". Das Fischerdorf, wo sie sich niederließen, wurde Hafen genannt. Daraus entwickelte sich Kopenhagen. So lebten sie zusammen das Leben der Jahreszeiten in Dänemark.

III.4 Kolumbus [Mythe]

Kolumbus ist für Jensen kein historischer Entdeckungskapitän – obwohl er dessen Bordbuch kannte – aber auch trotz der Erklärung auf dem Titelblatt als „Roman" kein Romanheld, jedoch auch kein Protagonist eines Menschheitsepos, sondern unseres Erachtens der Repräsentant eines Entdecker-Mythus: Nachfahre Thors und Drengs, Gote, Langobarde, Genueser, als Fährmann auf der Suche nach dem Paradies, wo ewiger Sommer herrscht. Columbus ist eine Mythe der ewigen Sehnsucht nach dem Garten Eden auf dem Wege nach Indien. Würde er diese jungfräuliche Erde finden? Obwohl die Fahrt aus „der Kathedrale" der nordischen Wälder (Teil Eins), auf „der Karavelle" (Teil Zwei) ihn als Christus tragenden „weißen Gott" in die Neue Welt (Teil Drei) zurückbringt, scheitert er und stirbt desillusioniert. So glaubte sich der querdenkende Sprachkünstler Jensen der Übersicht halber gehalten, dem Leser seine Voraussetzungen klarmachen zu müssen. Die dänische Urfassung von 1921 ist inzwischen von Aage Marcus gestrafft neu herausgegeben worden, während die deutsche Ausgabe von 1922 durch Julia Koppel immer noch maßgebend ist. Auch der Interpret Henningsen benutzt diese Ausgabe weiter, obwohl er sie stellenweise ändert und neupaginiert. Ich bin nicht der Meinung, daß es sich bei diesem Vorwort um „die wissenschaftliche Grundlage seines Epos" handelt, sondern um eine Glosse, eine Anleitung zum Verständnis. Columbus mag trotz Fischers Etiketts als Roman, aus formalen Gründen kein Roman sein, ein Epos ist er aus technischen Gründen auch nicht, sondern eine Mythe, die sich aus Elementen zusammensetzt, die normalerweise erzählerisch nicht überquert werden können. Hier sind sie keine verschiedenen epischen Welten, sondern Überbrückungen in Bildern, wie die dreigeteilten Teilüberschriften nahelegen. Aus der Waldkathedrale ragt die Weltesche hervor. Der Holzfäller und Bootsbauer ohne modernes Werkzeug wird zum Segler und Fährmann auf einer der drei Karavellen und kehrt als Charon über den Styx zurück. Im Hintergrund winkt zwar eine Erlösungsmöglichkeit, sie betrifft aber nicht mehr ihn selbst, sondern seine Nachfahren. Die lange Reise ist kein widerspruchbehaftetes wissenschaftliches, sondern das künstlerische Unternehmen eines Querdenkers, „der eine Brücke <trägt>, die ferne, getrennte Welten verbindet" (Text S. 15). Als „erster moderner Mensch ist er die erste gottverlassene Figur". Seine ruhelose Schifferseele erleidet Schiffbruch; Jensen sagt aber, daß er „das Christentum als terrestrischen Traum unmöglich" (Henningsen: „möglich") macht. Er kann nur inwendig geträumt werden, und das ist in seinem Inneren die eigene Neue Welt. Als gottverlassener Figur gelingt es dem einsamen Jäger, die Bildersprache der Esche Yggdrasil in seinem hohen selbstgezimmerten Einsäulenhaus unterzubringen. Sogar der Mimisbrunnen ist mit abgebildet samt „Odins Auge, das er als Pfand für einen Weisheitstrunk gab", der es ihm erlaubt, in die Zukunft zu sehen. So sah es sein Dichter Jensen selbst als „Bildhaus" (S. 39). Als er schließlich auf den kapitalen Hirsch, der am Horizont stand, seinen Pfeil abschoss, erhob sich das Tier zu einem Sternbild am Himmel „und ein Luftstrahl der Ewigkeit traf ihn bis ins Mark. Er begriff, daß er bis ans Ende der Welt gelangt sei und nichts Geringeres gejagt hätte als die Zeit. Da wurde er sterbensfeige" (S. 42). So kommt es, daß hundert Jahre vergehen konnten und vergangen waren, bis er schließlich zurückkehrte. „Dann ging sein Wesen in die Zeit über" – und er erstand als Fährmann. Er stammte aus dem Gotischen. Sein Himmel aber blieb ohne Leuchtkraft. Er und die Langobarden ziehen vor Kälte, Schnee und Ernteausfällen davon. Mehrere Gedichte über Kolumbus' Schicksal des Übergangs werden auf mehreren Seiten eingestreut. „Die Gedichte, im Urtext gereimt", vermerkt Julia Koppel noch vor den „Voraussetzungen", „sind in der Übertragung, um sie dem Original so eng wie möglich anzuschließen, in Prosa wiedergeben." In dem oben im Text I.0 zitierten Kolumbusgedicht, das Erwin Magnus übersetzte, liegen auch Prosazeilen zugrunde. Koppels Selbstbeschränkung hat möglicherweise dazu beigetragen, daß der Eindruck entstand, sie scheue sich vor Versübersetzungen. Jensen vermengt seinen Kolumbus-Mythus absichtlich später mit Vitzliputzli, Quetzalcoatl und dem Untergang „Mexikos" im Norne-Gast. Kolumbus erträgt bei abnehmender Gesundheit im Ganzen vier Schiffsreisen nach Mittelamerika. Er liegt krank auf seinem Schiff Santa Maria und „hört die Harfe des Windes <-> zwischen ihren Saiten, wie er zeitlebens war". In seiner letzten Stunde erkennt und „begreift <Kolumbus,> daß er auf der glücklichen Insel, der er nachgejagt hat, bereits war, der Insel der Jugend, als seine Kinder klein waren." Während er vergeht, „geschieht das größte Wunder. Santa Marias Galionsfigur ... wird lebendig, steigt herab und setzt sich ins Gras unter den neubelaubten Bäumen ..." (S. 295). Fast auf der letzten Seite heißt es noch vor dem Ziel überbrückend: „Die lange Reise ist zu Ende." „Räumlich sind diese Zeiten wiedererstanden und haben Zungen bekommen"; „der Himmel ist offen ... sein Werk als Werkzeug der Zeit aber war abgeschlossen. Durch die Macht, die in seinem Herzen war, war es <Kolumbus> gelungen, die Zeit über sich selbst hinauszuführen, jetzt sollte sie in seinem Kielwasser folgen und dann über ihn hinwegfegen, der Weg war offen".

III.5 Norne-Gast (DLR, 3)

Nornegast ist ein weitgereister Hoffnungsträger und weil *Norne-Gast* unmittelbar nach dem Ersten Weltkrieg geschrieben wurde, liest er sich weniger kampfbetont im Ton als die früheren Teile. Wie Henningsen uns lehrte, werden hier „die Grenzen von Raum und Zeit gesprengt", so daß das Fernweh das Heimweh überbrückt, aber auch das Heimweh das Fernweh sättigt. Während seiner Geburt auf der dänischen Insel Seeland herrschte noch „Urstille". Seine Lebensdauer erstreckt sich von der Steinzeit bis zur Eisenzeit auf einem Gesamtterritorium von Asien bis zur Spitze von Südamerika nach Kap Feuerland. Seine lebenswichtige Erfindung ist das Hineinpassen eines Schafts in eine Axt. Die Beschreibung, wie Nornegast durch Berechnung und Glück das Werkzeug zustande bringt, ist meisterhaft und man muss lesend an Ötzis Ausrüstung denken. Derweil erfindet Pil, seine Frau die weibliche Urform einer Kruke auf der Vorplatte einer Töpferscheibe und schließlich höhlt Nornegast in zähester Arbeit einen geraden Einbaum zu einem Kanu aus. Gast und Pil wie ein erstes Menschenpaar fürchten sich beim Ausruhen in der dunklen Nacht des Waldes auf einem Baumsitz. „Sie waren blind und hatten sich in der schwarzen Unendlichkeit verloren, wo alles Angst ist und die Zeit stillsteht." „Die Nacht und ihr Wesen hatte sie in der Dunkelheit zu stummen Tieren gemacht, der Tag machte sie wieder zu Menschenkindern." Jensen zeichnet bei der Beschreibung des Eichhörnchens in größerer Baumhöhe oberhalb der getarnten Behausung des jungen Menschenpaares einen hüpfenden Kobold mit vertikalen Bildwerken, zu dem sie „ein klägliches Abbild boten". Hier richteten sich die menschlichen Baumbewohner nach dem tierischen Wipfelspringer. Gast lernte es, in seinem Kopfe zuvor, ehe er an die Ausführung seines Handwerks ging, einen sehnigeren Bogen als den bisher bekannten zu schnitzen, um sich das Wild untertan zu machen. Unter Schmerzen und Blasen gelang es ihm schließlich, mit Schnellumdrehung am Stab, ein Feuerchen zu entfache; dann kosteten sie zum ersten Male gebratenes Wildbret. Nachdem ihm Pil ein kleines Mädchen namens Knop geboren hatte, und der Frühling seinen Einzug hielt, zog die Familie aus und bereitete sich gründlich auf „eine lange Reise" vor. Gast beherrschte die Doppelruderweise und kam diesmal stromabwärts dem Fjord zu voran. Weitbereist fanden sie die Stelle, wo er hergekommen war wieder. Groß war die Wiedersehensfreude; in dem alten Tal wohnten „tausend Jahre und mehr" [sic] andere Menschen. Heute würden wir sagen, unser Held war in der Bronzezeit angekommen. „Wer er war und woher er kam, wusste niemand, niemand fragte danach ...". Jensens straffe Erzählführung, der sich der Leser gerne hingibt, fällt immer wieder in die Augen. Gast wollte und konnte dort nicht bleiben, nahm Skur, die von ihm liebevoll aufgenommene Kuhmagd im Wege des Rechtsbruchs mit sich und wurde dadurch vogelfrei. Er zimmerte sich abermals ein Boot und fuhr nach ... Er wollte und konnte dort nicht bleiben Nornegast, der Bogenschütz und Harfenbauer mit Saiten, deren jede einzelne eine Seele hatte, ruderte abermals davon. Skur starb, er aber blieb unsterblich. Schließlich fand er eine Insel, auf der er bleiben konnte. Aber: „Was nützte die Unsterblichkeit, wenn man sie nicht mit andern teilen konnte?" „Alle Zeiten kehrten zurück und verweilten im Augenblick." Als Sänger nahm er den neuen Glauben „gerne in seinen Bildervorrat auf" [sic!]. Für Nornegast brach seine letzte Zeit an, die er nahe dem Baum und Ursprung des Lebens, Yggdrasil, verbrachte. „Denn die Erinnerung ist ein Baum, der in der Zeit wächst und mit ihr größer und reicher wird. Je mehr man altert und je weiter man in der Seele wird, desto mehr Lichtschein fällt auf den Anfang."

III.6 Die Stadien des Geistes [Evolution und Verwandlung (II)]

Es ist kein Zufall, daß nicht Julia Koppel mit der Übersetzung des umfangreichen Essaybandes, *Die Stadien des Geistes*, betraut wurde, sondern Erwin Magnus, den wir wegen des Kolumbusgedichts zum 50. Geburtstag Jensens schon kennen. Es handelt sich um eine, mit Ausnahme des achten Essays, „Der Reiter", der tiefschürfende Beobachtungen zu Porträts und Statuen vorlegt, weitgehend unprosaische Präsentation der menschlichen Entwicklungsgeschichte in Etappen. Diese sind allerdings überraschend verwoben mit Reisebeschreibungen und Eindrücken, etwa von Gibraltar, Marokko, Monaco, Rom, Ägypten. Kairo, Palästina, Jerusalem. Angeblich unterliegen die einzelnen Entwicklungsschritte einer Gradierung statt einer sprunghaften Veränderung von statischen Grundformen. In den einzelnen Abschnitten gibt er seine Voraussetzungen bekannt: 1. Zentralasien sei der Hauptschauplatz der Entwicklung überhaupt, 2. „Während Species durch äußere Kennzeichen bestimmt wird, beruht der *gradus* auf einer psychologischen und moralischen Einschätzung." 3. Die Menschenart gehe auf eine ursprüngliche Art in Asien zurück. Diese Annahmen hält dieser Verf. für querdenkerisch, und nicht, wie Jensens moderne Kritiker meinen, für pseudowissenschaftlich. Es handelt sich, darauf angepasst, gleichzeitig um innere Verwandlungen. Im Elften und letzten Abschnitt, „Technik und Entwicklung", gibt Jensen zu, die Aufgabe, die Stadien genauer zu bestimmen, müsse „anderen übergeben" werden; „der einzelne kann sie nicht erschöpfen". Jensen fasst seine Einsicht ziemlich optimistisch zusammen

(S. 391): „Das Ziel der Natur ist Freude, das ist gleichbedeutend mit Wachstum". Diese vor den Stadien liegende Sprungkraft dürfe nicht verloren gehen, sondern müsse für viele weiteren Zwecke, auch künstlerische, bewahrt bleiben. Dazu gehöre auch das in der Einleitung zitierte Urprinzip der Kunst, „die primitive Zeugungskraft im Auge", das den *Stadien des Geistes*, S. 109, entlehnt wurde. „Die Stadien des Geistes" gehören also dem Menschen, der Menschheit an, die Erinnerung an sich selbst, eine Funktion aufgenommen im Gedanken, Leben, das sich in seinem Verlauf während der Entwicklung beschaut" (S. 98). Das Christentum ist nach Meinung Jensens an dieser Entwicklungsgeschichte auch nicht rückwirkend beteiligt gewesen, da das Neue Testament von der Besiedlung der Kontinente durch Menschen keine Kenntnisse hatte, also auch keine Vorstellung entfalten konnte. Ketzerische Gedanken, wie Jensen sie leicht ironisch hegte, waren eigentlich kirchlich unerwünscht: Jensen zeigt in einem Bild der Gegenseite, wie gefühllos der Spiegel abbildet. Aus indianischer Sicht sehen Kruzifixe wie kleine Marterpfähle mit einer Leiche aus, die zwischen den Händen gehalten wird (*Kolumbus*, S. 213). Das Christentum ist, von Jensen entwicklungsgeschichtlich betrachtet, kein Stadium des Geistes mit einem *Gradus* gewesen. Es handelt sich bei *Columbus* und *Den Lange Rejse* nicht um „ein Gegenstück zum biblischen Schöpfungsbericht", wie Sven Rossel (WTS Band 2, S. 15) annimmt. Es heißt vielmehr klar und deutlich im dänischen Columbus Gedicht von 1904: „Es gibt keinen Gott in den rasenden Wellen" [s. o. I.0]. Columbus ist nach S. 299 des Romans als „Todessegler in der Ewigkeit sich selbst überlassen".

IV. Zeitwenden

IV.0 Essays und Aufsätze

Jensen, aus altem Bauerngeschlecht, war davon überzeugt, daß die unbewussten Kräfte ursprünglich dem Rhythmus der Jahreszeiten entstammten und entsprechend zu Charkterzügen wurden. „Die Kraft der nordischen Natur, das gewaltige Spiel der Jahreszeiten mit dem Leben, schuf die Instinkte der Alten. Ihr ganzes Dasein sammelte sich ums Frühjahr, alle Wechselfälle des Jahres strebten darauf zu." (*Das Schiff*, S. 10f.) Was im Folgenden zu besprechen ist, entspringt dem Wechsel der Jahreszeiten und befasst sich insofern bildlich gesprochen, mit Zeitwenden.

IV.1 Zug der Cimbern

Zug der Cimbern [= Himmerländer] und des Nebenvolkes der Teutonen ist eine besonders genau und symmetrisch ausgeführte Mythe in Zwei Teilen, erstens, die Vorgeschichte, wie es durch Überschwemmung zu dem Klimasturz kam, und zweitens, wie der aus der geschichtlichen Völkerwanderung bekannte Heereszug, von den Römern besiegt, unterging. „Unterwegs stieß Nornegast, der alte Harfner, überall auf Spuren von Kriegszustand; sammelte Neuigkeiten" … „über Raubzüge von Leuten …" im Norden Jütlands. Er hielt sich dort gern auf und beobachtete „ganz weit oben die beiden Meere, die sich bei Skagen brechen, wie an dem Dorn seines Helmes". Dort opferte man der Sonne, machte Feuer „ihr zum Bilde und band sie an ihren Kreislauf in einem Sinnbild".

> „Glücklich, wer aus den Adern
> des Landes trinken kann.
> Offener Himmel ist mit Hoffnung verankert.
> Obdachloser Wanderer segnet den Staub!"

„Doch auch die Unendlichkeit nimmt einmal ein Ende, in Wirklichkeit ist sie nur von kurzer Dauer". Das Land der Cimbern war im Innern ein Hochland. Dort fand der wandernde Harfner Nornegast den Großgrundbesitzer

Tole wieder und erlebte mit ihm das Feuerfest, an dem die Verbindung der Nachfolge beschlossen und zelebriert wurde. So wurde der herausragende junge Bojerik als Anführer erkoren. Der größte Teil des geopferten Stieres war auf ihn übergegangen. Dazu sang Norne-Gast. Das Lied, das er vortrug, hatte „großes sinnbildliches Gewicht"; die 1. 4. und 7. Strophe lauten:

> „Es steht eine Burg im Südenland,
> wohl hundert Meilen gemauert,
> das Dach unzählige vereiste Zinnen,
> die an die Sterne stoßen.
>
> Die Burg steht zweien Welten zugewandt:
> Nebel, Dickicht die eine. Luftblaue Ufer
> und lichte Entfernungen die andere.
>
> Wer erbaute solch starke Festung,
> bestimmte, daß sie bestehen sollte.
> In Ewigkeit und unerschütterlich
> scheidet sie Nord und Süd."

Die Frühlingshochzeit und die Einweihung des gegossenen Stiergottes wurde … heilig gehalten." Mehrere Opfer waren bestimmt, darunter ein griechischer Sklave, von Beruf Schmied und Lehmkünstler. Norne-Gast ließ ihn nachts heimlich frei, so daß er zurückwandern konnte. Bojerik und Inge wurden ein Paar und bekamen Kinder. Die Sehnsucht nach ihnen gräbt sich in die Seele ihrer Mutter. Es ist die Sehnsucht nach einer Welt, die in „einer Welt untergeht." Norne-Gast verschwand ebenfalls und wanderte auch nach Süden, denn das Tauwetter ergoss zu viel Wasser über das Cimbernland: „der Frost band das Wasser wie einen Harnisch an das Land, Schnee häufte sich obenauf." Es konnte im Frühjahr nicht mehr gesät werden. „Jede Erbfeindschaft war für eine Weile beiseitegelassen, die Überschwemmung bedroht(e) ja ganz Jütland." Das Cimbernland wurde aus den Tälern auf das höher gelegene Land hinaufgetrieben. Das ganze Volk brach auf. Das Land entvölkerte sich. Eine unendliche Reihe von Hauswägen setzte sich nach Süden in Bewegung. „Das äußere Schicksal der Cimbern, nachdem sie aus einer dunklen Vergangenheit in das Licht der Annalen eingetreten waren, ist ein Stoff, der von damals bis in alle Zeiten reicht, die Gespenstergeschichte der Historie; ihnen von jetzt ab folgen, heißt der Weltgeschichte folgen. Merkwürdig: die Mutter Rom ... „duldet jeden Fremdling, der hinter Roms Mauern Schutz sucht, wendet sich aber feindlich gegen die Grenzen, niemand darf den Römerfrieden kränken!" „Auf dem Forum, dem Trommelfell der ganzen Welt, wo Gerüchte schwirren, fand sich auch ein Platz für Gast, ein Sitzplatz auf den Stufen zu einem Tempel ..." „Bild für Bild rollte sich auf und ging in die Zeit über, wie alles in die Zeit übergeht, ... ein unvergängliches Bild, um das ringsum Bilder wechselten; was sollte leben, was dauern? ... ein Schattenleben in der Zeit bewahrt die fernen Jahre, ..." (S. 183f.). Hier stellt sich der Sprachbildner als Querdenker die Frage, sollte man das Einbrechen der sog. Barbaren begrüßen? Der lateinischen „Sprache konnte es nicht schaden, umgewertet zu werden." Von Beginn an, verwandte der römische Feldherr Marius die altgewohnte römische Technik, „zuerst Kriegskunst, dann Krieg". Er teilte wegen ihrer zahlenmäßigen Überlegenheit die Heere. Bei Aquae Sextiae kam es, von Marius genau vorausberechnet, für die Römer strategisch günstig gelegen, zur vernichtenden Schlacht. Die Schlachtordnung mit ihrer Hinterhaltstaktik führte zum mörderischen Sieg über die Barbaren. Die vor Wut heulenden Germaninnen griffen mit bloßen Händen um die Schwerter der Römer ... und ließen sich niedersäbeln. „Die Teutonen wurden als Volk ausgelöscht." (S. 209). Nornegast beobachtete diese und die nächste entscheidende Niederlage der Cimbern, die „roher geworden ihrem Untergang zuwanderten" bei Vercellae; so hieß der vereinbarte Treffplatz. „Die Sonne und Hitze des Tages waren die Hauptursachen für die Niederlage der Cimbern. „Römische Schule und Technik hatten sich glänzend gegen die übermächtigen physischen Gaben eines Naturvolks behauptet." Was, wenn diese beiden Völkerschaften ineinander aufgegangen wären? Diesmal hatte die römische Wölfin den cimbrischen Stier besiegt. Vae victis!

IV.2 Die Neue Welt [Essays über Amerika und den verjüngten Humanismus]

Jensen hatte sich zuletzt 1903 in San Francisco, Chicago und New York, und dann wieder bis Mitte 1914 in New York aufgehalten. In der Zwischenzeit vor dem Ersten Weltkrieg verarbeitete er seine Eindrücke in seine Essay-Sammlung *Den ny Verden* (Dänisch 1907), die deutsch, übersetzt von Julia Koppel, 1908 als ‹Die Neue Welt› in Berlin herauskam. Darin behandelt er sieben verschiedene Themenbereiche: Fünf kulturelle amerikanische Erscheinungen der modernen Zeit, drei bekannte Amerikaner, sieben Nordeuropäer, drei amerikanische Städte bzw. Naturphänomene, einen englischen Wissenschaftler, eine entscheidende Seeschlacht und als krönenden Abschluss „Die Jugend der Welt". Die moderne Welt ist also nach Jensens Meinung auf beiden Seiten des Atlantiks „neu". Europäer und Amerikaner haben beide nennenswerte Neuerungen eingeführt und durchgesetzt. Er konzentriert sich auf Orte, die er kennt, auf New York, San Francisco und Niagara als „ein Stück Naturpoesie". Wie kam Jensen auf die Idee, aus der Vogelschau das Neue Jahrhundert zu beschreiben? Er fuhr auf einem hundert Meter hohen Rad über die Pariser Weltausstellung 1900. Er benutzte dies Querzeit-Image für den Titel seines oben behandelten Amerika-Romans des gleichen Jahres, *Das Rad*. Das Rad über Paris bewegt sich: „die Stadt bewegt sich wie eine atmende Brust", heißt es in seiner Einleitung „Die Maschinen". Das Rad ist eine aus sich rollende Konstruktion, die „wie eine ungeheure Treppe sinkt und sinkt ...". „Hört, wie diese Stadt, wie diese gewaltige Stadt dort unten singt!" Das sind Verse aus Eisen, Reime aus Stahl und Stein, das sind Rhythmen, die zum Himmel steigen". Auch an dieser Stelle lässt Walt Whitman grüßen! Jensen bekennt sich wie Whitman zur Wirklichkeit des zwanzigsten Jahrhunderts. Angesichts der Maschine an sich fühlt er sich durch ihre Kraftlinien an die Wirklichkeit des Lebens erinnert, an die Phantasie der Mythen gemahnt. Die Stadt Paris sei „wie eine Maschine zusammengedrängt worden". Von der Spitze des Eiffelturms wirken die Menschen wie auch der Jugendstil in dieser Zeitwende kristallinisch. Plötzlich schwingt unser Querdenker die Keule: „Eine christliche Erziehung und hinterher ein Blick in das moderne Leben kann einen Menschen töten." Der Maschinenglaube stellt sicher: Geologie und Chemie statt jüdischer Mythen für wahr halten. Darauf komme es an. Die Weltausstellung antwortet auch auf diese Fragestellung: angesichts solcher Maschinenmacht spricht er dennoch von einer „Wiedergeburt des **Bildes**, nicht der Sache selbst" (S. 45). „Die Maschinen sind das Resultat dieses ... geduldigen Denkens". Die Wahrheit folgt also der Kraft"[-entfaltung]." So heidnisch ist die Renaissance, die siegreich über alle Völker hingeht." Die U.S.A., diese „unhistorische Welt" sei von „Gott ... in launenhaftem Zorn, „in einem Chaosdurcheinander...

auf das amerikanische Festland hinüber [ge]schleudert" worden. So entstanden, nach Jensen mythifiziert, die Vereinigten Staaten von Amerika. Hier wird in einem willkürlich klingenden Telegrammstil eine angeblich unhistorisch ausgerichtete Welt zusammengepresst geschildert. Die Augen des New Yorkers schweifen unaufhörlich umher, um ja nichts Vorteilhaftes zu verpassen, auch nicht das kleinste Ereignis, das zu einer Wendemarke aufsteigen könnte. Der Geschmack der erfolgreichen New Yorker sei gut, aber nicht ihr eigener, sondern ein bloß geborgter Stil. Aber eigen sei das klare Wetter, wie geschaffen für den riesigen Hochbau von Wolkenkratzern in den Himmel.

Theodore Roosevelt, der 26. Präsident der Vereinigten Staaten, macht als Amtsträger, verwandelt zum Ferienjäger, die Stadien rückwärts von der Zivilisation zum Steinzeitalter wendeartig durch. Im wirklichen Leben bekam er für diese verwandlungskünstlerische Gesamtleistung den Friedensnobelpreis (als Vorläufer Obamas!). Er ist Präsident und verkörpert Amerika in eigener Person, die das Land in all seiner Kraft „widerspiegelt". Jensen schrieb diese Mythifizierung des damals als Jüngsten Angetretenen, noch bevor dieser bewunderte Mann seine zweite Amtszeit beendet hatte. Ganz anders verhält es sich in den beiden Gedichten über Knut Hamsun, wo Jensen ihn zuerst mit Hagen vergleicht, nachdem ihm sein verehrter alkoholisierter Freund seinen Kachelofen in Kopenhagen mit einem Faustschlag zertrümmert hatte, und wo er ihm später in Verehrung gratuliert, wird hier Hamsun wie ein Urmensch und Riese als eine Art Paul Bunyan gepriesen. Er wird in eine Reihe von Fabelschmied. Sprachbetörer und Naturkraft aus Thule gestellt. Er wird als fruchtbarer Dichter eingereiht, weil er „die erschütternde Sprache der Natur" verstehen und aussprechen kann. In dieser Hinsicht könnte er im Jensen'schen Sinne ein Amerikaner gewesen sein, der in diese Galerie aufgenommen wird. So wie Theodore Roosevelt, ein Harvard Graduate, in der Tradition von Rudyard Kipling zu schreiben verstand, geht seine „Naturbeobachtung in Wald und Feld", wie bei Jensen selbst, auch auf Charles Darwin zurück. Sie beruht auf „Erfahrungen, im Gegensatz zu den religiösen Systemen, die ihre Lebensanschauung aus mystischen Schriften schöpfen; Die Darwin'sche Ästhetik stützt sich auf das, was man persönlich wahrnimmt und erlebt, …". Sie verhält sich zur Religion wie die Journalistik zur Geschichte" (S. 228).

Das letzte Essay dieser Mythen-Essayistik fasst „Die Jugend der Welt" als Versprechen der Neuen an die alte Welt zusammen. Es heißt dort: „Die Zeit, in der wir leben, steht unter dem Zeichen der Verjüngung". Jensen gibt dort seiner Überzeugung Ausdruck, daß „ein Ursachenverhältnis zwischen ... vulkanischen Phänomenen und der politischen Neuzeit in der ganzen Welt besteht". Er erinnert dort seine Leser, daß „die Lebensbedingungen auf der Erdkugel sich verschoben haben, weil die Temperatur der Erde während der letzten Jahrhunderte unmerklich gestiegen ist" (S. 261). Währenddessen <beruht> jede positive „Entwicklung vermutlich auf der Abkühlung der Erde <->." Dann „führt die Tendenz <-> überall auf das Primitive zurück, und das tut gut, das heilt – man erholt sich!" Der Autor endet mit dem Aufschrei: „Die Kultur vor! Die Kultur für alle! Die Massen haben das Wort! Wir leben in dem größten Jahrhundert der Demokratie, der Verjüngung!

IV.3 Unser Zeitalter [Essays]

Als nicht benannter Übersetzer von <Unser Zeitalter> kommt wegen dessen entfernt an ein Drehbuch erinnernden Charakter nur Karl Vollmoeller (1878–1948), der auch eigene Werke im S. Fischer Verlag herausgab und auch schon für ihn ein Buch Jensens aus dem Dänischen 1917 „bearbeitet" hatte, in Betracht. Dieser Vielbegabte war ein versierter Landschaftsbeschreiber aus eigenem Recht und er kannte New York als Reisender des Jahres 1914 genauer als Jensen. In der dänischen Version stehen China und Peking im Mittelpunkt, hier im Deutschen Berlin und New York. Es ist auch möglich, daß ihm dabei seine Schwester Mathilde Vollmoeller geholfen hat und er es nicht publik machen wollte. Jedenfalls ist Julia Koppel nicht die Übersetzerin. Übrigens hat der bewegende Drehpunkt der Betrachtung viel mit Leni Riefenstahls beweglicher Kamera zu tun, die er am Anfang seiner Karriere gefördert hat. Er hat als „Enzyklopädie alles Menschlichen" gegolten und ist als Drehbuchautor des <Blauen Engels> Heinrich Manns bekannt geworden und arbeitete später auch mit Max Reinhardt zusammen. Er unternahm während des Ersten Weltkriegs als Kriegsberichterstatter Reisen bis in die Vereinigten Staaten. Er teilte Jensens „Weltauffassung" (wie die Überschrift der Einleitung lautete), „welches Bild wir uns im Umriß von uns selbst als Menschen machen" (S. 7).

Jensens „Ausführungen seien vielen Vorstellungskreisen entnommen und er mache den Versuch zur Zusammenstellung eines Gesamtbildes, das er bei anderen Schriftstellern nicht habe finde können". „Der Dichter gibt seiner Zeit die Unmittelbarkeit wieder, aber mit einem neuen Inhalt: Entwicklungsmöglichkeit." „Das Publikum weigert sich jahrhundertelang, einleuchtende Gedanken anzunehmen; aber sind sie einmal durchgedrungen, so gehören wieder Jahrhunderte dazu, von ihnen loszukommen, selbst wenn sie leere Sprachgüter geworden sind. Welche Treue beweist die Menschheit nicht für ‚Namen'?" (S. 24–25) Unleugbar, es regt sich der Verdacht, daß die menschliche Erkenntnis ihrer eigenen Struktur irgendeiner Spiegelwirkung unterworfen ist, einem perspektivischen Fehler, der nicht behoben werden kann." „Es gibt nicht Wirklichkeit genug". Aber: „Es gibt unentdeckte Welten genug ..." (S. 36–37). Um das nächste Hauptthema, „Die Kohle" einschätzen zu können, muss man berücksichtigen, daß lange Kohlenzüge aus dem Ruhrgebiet während des Ersten Weltkriegs die frierende Kopenhagener Bevölkerung mit Ruhrkohle und -koks versorgten, worüber Jensen aus erster Hand Bescheid wusste, lange nachdem ihn schon sein erster Besuch nach Deutschland in dieses Produktionsballungsgebiet geführt hatte. Deshalb klingt es mehr als neutral, wenn er 1912/13 in Berlin selbst über diese Hauptstadt schrieb: „Was in Berlin zu einem Teil meines Lebens geworden ist, das ist mein Berlin. Denn man weiß, was man liebt. Ich sehne mich nach meiner Zelle mitten in dem brüllenden, arbeitsfrischen Berlin" (S. 58). Hier urteilt er genau wie seine regelmäßige Übersetzerin Julia Koppel. Jensen schrieb, wie alle Schriftsteller, die gut schreiben, auch gerne nachts.

Die nächsten drei Essays erschienen vorab in der neuen Rundschau von 1914. Die Darstellung sei schwer zu bewerkstelligen, „weil die geistigen Werkzeuge noch von den Begriffen einer entschwundenen Zeit geformt sind. Man besiegelt den Pakt mit seiner Zeit und sieht, daß man irgendeinen antiken Stempel benutzt hat". Nun folgt eine Relativierung seiner Liebe zu Berlin. „Mit Europas alten Kulturstädten gemessen, ist Singapur ganz sicher geisttötend. Ich liebe auch Singapur" (S. 147). Und schließlich wie unvermeidlich: New York! Auch „in einer Kolossalstadt wie New York, wo alle Strömungen zusammenlaufen", hat „die Zeit ganz sicher eine Seele, die alles durchdringt und stempelt ..." (S. 279). Und endlich Berlin im Krieg! „Die deutsche Strammheit hat man in Friedenszeiten verspottet, ich möchte wissen, wer jetzt nicht zu Gott fleht, sie ihm zu verleihen" (S. 292). „Wo gibt es ein Volk mit einem so umfassenden, in die Höhe und in die Tiefe gehenden, schwindelnden Geistestraining wie das deutsche, und wo gibt es solche entschlossene Tüchtigkeit, Tatkraft, physische Kraft und Mut wie hier?" (S. 293). Trotz allem Verständnis ergreift Jensen nicht Partei, sondern rät seinen Freunden, den Deutschen schonend, rechtzeitig „sich auch mit der Philosophie der Verlierenden vertraut zu machen". Anders als in Berlin ist es ein Alptraum, sich nachts in Peking zu verirren. Peking als Anticlimax am Rande und doch auch im Zentrum unseres Zeitalters! Hier unterläuft ihm eine groteske Fehleinschätzung einer Prostituierten als Mongolenfrau.

Zum Schluss spricht Jensen die große, inzwischen längst untergegangene Überraschung aus: „der moderne deutsche Geist enthält so viel vom jüdischen – ein gewisser Standpunkt sieht hierin sicher einen der Gründe für Deutschlands Unpopularität – daß es wundernehmen muss, daß man nicht in neutralen Ländern, wo die Meinung unter jüdischer Kontrolle steht oder stehen soll, sich während der augenblicklichen Kraftprobe ohne Vorbehalt auf die Seite Deutschlands gestellt hat". „Die jüdische Sache steht und fällt mit den Zentralmächten", ... „bis es endlich einst still wird und man nur das Weinen der söhnelosen Frauen <hört>" (S. 370).

IV.4 Verwandlung der Tiere [Entwicklungs-Mythen (I)]

Sam Fischer bestimmte für die Übersetzung von *Dyrens Vervandling* (1927) Erwin Magnus, den wir schon kennen. Es handelt sich der Gattung nach um eine auf dem Titelblatt nicht vermerkte Essaysammlung. Der Untertitel ist nachlässig übersetzt; er sollte nicht „Zur Plastik" (wie im Dänischen) sondern „Zur Anschauung der Entwicklung" heißen. Denn das ist gemeint. Und den Interpretatoren ist entgangen, daß die Anordnung im Dänischen und Deutschen nicht die gleiche ist. Da unsere Leser von der deutschen Ausgabe auszugehen haben, wird die dänische Reihenfolge als anders, nämlich 7, 9, 12, 8, 6, 14, 13, 2, 4, 5, 10, 11, 3, 1 vermerkt. Im Deutschen beginnt die Sammlung mit Jensens abstraktem Thema „Naturgeschichte und Poesie", weil der deutsche Leser die Figuren „Ariel und Kaliban" aus Shakespeares *Tempest* nicht auf Anhieb wiedererkannt hätte. Es gibt aber noch einen tieferen Grund, den wir mit seinem geistigen

Naturwissenschafts-Vorbild Hans Christian Ørsted aus dessen Vorrede zu seiner Sammlung, *Das Geistige in der Natur*, zitieren: Es werde „ohne Rücksicht auf die Zeitfolge, so zusammengestellt, wie sie sich gegenseitig am besten einleiten, beleuchten oder ergänzen konnten". So dachte auch Jensens Verleger. Hier wird nun Frits Andersen widersprochen, daß es sich bei diesem gewichtigen Gesamtessay um ein „naturwissenschaftliches Werk" (WSS 17, S. 267) handelt oder handeln soll. Insofern wird ihm und anderen Gelehrten auch nicht zugestanden, daß „Jensens Naturanschauung (ibidem, S. 264), – und das heißt ja ,Plastik' – voller Widersprüche stecke. Diese Auffassung muss allerdings im Folgenden widerlegt oder zumindest abgeschwächt werden. Das Haupturteil gegen dieses Verwandlungsessay, er teile die Menschheit nach Rassen ein, kann sogleich ausgeräumt werden. Jensen spricht von Entwicklungsstadien und -stufen, die nicht genau nach Darwins *Origin of Species* Stammbäumen ausgearbeitet werden. „Eine Vermengung von Wissenschaft und Kunst" (Fr. Andersen) kann hier nicht gelingen, weil sie gar nicht beabsichtigt ist. Die Anschauung einer Entwicklung sollte vielmehr in uns gesucht werden. Sie muss trotzdem in den Übergängen gesehen werden, und zwar, so weit wie möglich, in Bildern. Der Vorspann empfängt seinen Wortlaut in Anlehnung an Ørsted. Es geht also um eine direkte, und nicht um eine dichterisch bearbeitete Form. „Die Entwicklung selbst war die Hauptperson". Sie umfasst auch „die Geschichte der Seele". Verwandlung der Tiere wird vom Autor mit „Verwandlung des Tieres" gleichgesetzt. Das lautet dann so: „Die Geschichte, wie sich erst die Fähigkeiten, dann die Geistesgaben aus dem Appetit entwickeln und sich von ihm frei machen, das ist die Geschichte des Geistes." Sobald „der Sinn rückwärts in der Zeit geht" „durch alle Zeiten und Lande im Vogelflug", <zeigt sich uns> „das Bild von den Übergängen in Verkürzung …". „Der Beginn ist ebenso gegenwärtig wie der Schluss, und doch liegen ungeheure, vollkommen unübersehbare Zeiträume dazwischen." Dann werden Prototypen wie in Brehms Tierleben eingerahmt. „Die Arten stehen als feste gegossene Typen vor uns. Unsere Beobachtungszeit ist zu kurz, um die Neubildungen zu sehen, …". „Aber die Umbildung der vorderen Gliedmaßen haben die Vögel teuer bezahlt, wenn man die Karriere der Säugetiere betrachtet …". „Das einfache Lebensgefühl selbst ist wohl bei allen Geschöpfen, ob sie hoch auf der Leiter der Entwicklung stehen oder nicht, ziemlich gleich, …". Jensen unterbricht seinen Gedankengang, indem er den Leser mit dem Kopemhagener Zoologen und Vogelforscher Herluf Winge (1857–1923) bekannt macht. „Das Kletterleben in den Bäumen muss wohl mehr Gelegenheit geben, den Verstand zu gebrauchen", „jedenfalls pflegen alle kletternden Tiere ein größeres Gehirn zu haben als ihre nächsten, nicht kletternden Verwandten", sagt Winge. Ariel wird von Shakespeare als <freundlicher, heiterer Lichtgeist> geschildert; „Kaliban hingegen soll Kannibale, Menschenfresser sein", wie der Pavian steckt das „Muster der niedrigeren menschlichen Natur" (S. 222). „Der Ausgangspunkt für einen neuen Anfang in der Natur muss, ... nicht in den Seitenlinien ... gesucht werden, sondern auf einfacheren Stufen, die weiter zurück, mehr der Mitte der Stammlinie zu liegen ...". Jensen hat den Durchblick, als er in sachlichem Ton abschließend feststellt: „Die Kälte ist keine ernste Drohung mehr für den, der sich den Gebrauch des Feuers angeeignet hat; von jetzt an vertieft sich die Kluft zwischen Mensch und Tier." (S. 268). Wenn in der Nacht „die Angst aus dem Dunkel emporsteigt, und man allein ist", rückt man zusammen: „daher kommt die Güte." (S. 270 und Ende). Wir haben einen nüchtern haushälterischen Essay in uns aufgenommen. Er ist schwierig zu verstehen, zeigt aber keine inneren Widersprüche.

IV.5 Hamlet als Däne; Goethes Stadien [Laudatio]

Da Jensen von Jugend an jahrzehntelang ununterbrochen schriftstellerisch gearbeitet hatte, beginnt seine Bestandsaufnahme entsprechend früher. In Kopenhagen erscheinen bei Gyldendal die ersten fünf Bände seiner Skrifter. Gleichzeitig lässt Sam Fischer Jensens Hamlet-in-Dänemark-Essay, übersetzt von Julia Koppel, in der neuen Rundschau 1925 in Berlin erscheinen. Obwohl die erfundene Gestalt des Prinzen von Dänemark seinen Ruhm Shakespeares Genie verdankt, meint Jensen, genießt er auch im Lande Dänemark „ebenso viel Bürgerrecht wie authentische Personen". Hamlets Grundeigenschaft, das Simulantentum, hat den dänischen Dichter gefesselt. Die <rotten[ess] in the State of Denmark> ist die Enge, die Gehemmtheit oder, wie Jensen es wagt zu nennen, das Jütländische in englischer dichterischer Phantasie. In der Tiefe der „Freisprache" erreicht Shakespeare das Wesentliche des Narrentums durch Schläue und Doppelzüngigkeit", der eine „**bildliche Macht**" zugeteilt wird. Die verborgene Heuchelei ist anstrengend und forderte Shakespeare höchste Kunstfertigkeit ab. Die Lehre, die Jensen hieraus für sein eigenes Schaffen zieht, ist bezeichnend: „Man muss alles, was man an Simulierung, Dialekt, Maske besitzt, verwenden, um sich durchzuschlagen. Wie Hamlet, sterbend an Horatio gewendet, am Ende des Dramas um seinen Nachruf besorgt ist, so ist Jensen mit Hamlets Dichter um seinen eigenen Nachruf besorgt, „daß seine Lage unaufgeklärt bleiben könnte. Denn als Däne könnte man vielleicht so unbescheiden sein, Shakespeares Besorgnis zu seiner eigenen zu machen". Dieser Verf. hofft, für Jensens Genugtuung in Deutschland mitgesorgt zu haben. „Jeder Däne ist mit Hamlets Traditionen belastet. Darum musste einmal gründlich aufgeklärt werden, aus welchen Elementen und Komplikationen die Hamletnatur besteht. Hier ist Hamlets Charakter ausgebreitet, jetzt weiß man Bescheid." Man nimmt aber auch die hohe Position wahr, die Jensen inzwischen im Literaturbetrieb Dänemarks eingenommen hat und die auch in Deutschland zur Sprache kommt.

Zu Goethes hundertjährigem Todestag hatte sich nach Fischers Meinung auch Jensen zu äußern. So erschienen, übersetzt von Julia Koppel, pünktlich im Heft 4 der neuen Rundschau von 1932 einige Gedenkworte über „Goethes Stadien". Wir erinnern uns an Hans Christian und Anders Sandoe Ørsted, beide Adam Oehlenschlägers Mentoren und Freunde, der eine, der Jurist H. Christian, ein echter Goetheaner, der andere, der Physiker Anders Sandoe, sein Schwager, ein schöpferisch experimentierender Erfinder. Der Naturforscher und Dichter Jens Peter Jacobsen hinterließ eine „letzte unvollendete Arbeit, eine Phantasie über das Faustmotiv". In Goethes Schuld stehen diejenigen Schriftsteller Dänemarks, die es vermochten, „Goethe in dem nährenden Verhältnis, in dem er zur Natur stand, nahezukommen, sich eine Naturwissenschaft zu erwerben…". Er untersucht dann, worin „Goethes Stadien… als Kulturvorbild besteh<en>". Über Goethes Persönlichkeit führt „eine Brücke zu ihm hin- und von ihm zurück; „… der Entwicklungsgedanke ist der Gesichtspunkt, unter dem Goethes Persönlichkeit bewertet werden muss." Goethe führte das Leben durch alle Stadien nicht bloß als Biographie, sondern als Verwandlung, als … Menschheitsverwandlungen, …". „Will man Goethe mit dem Entwicklungsgedanken verbinden, so braucht man nur darauf hinzuweisen, daß er ihn selbst verkörpert in sich trug; als biologischer Typ, und teilweise auch durch sein Denken …". Um die gegensätzlichen Stufen in Goethes Hauptwerk Faust „gruppieren sich die Bilder der Dichtung, die Welt von

Erfahrung und Zartheit, die darin ausgedrückt ist": Da Goethe beide Stufen in sich selbst vorfand und trennen konnte, ging er „seine tiefe, überlegene Verbindung mit der Entwicklungsidee" ein. Goethe repräsentierte nach Schillers Tod eine eigene Zeitwende.

IV.6 Thorvaldsen og Oehlenschläger Büstenporträts / Charakter, Essay, (nur Dänisch) Swift og Oehlenschläger (nur Dänisch): letzte Veröffentlichung

Jensens Porträtbüsten-Studien von 1926 sind von ganz neuer Art. „Das Hauptwerk ist das Buch über den großen Bildhauer des Goldenen Zeitalters, Bertel Thorvaldsen, das in Zusammenarbeit mit dem Freund Aage Marcus entstand" (Aage Jørgensen, WSS 17, 2007). Diesen Leiter des Kopenhagener Kunstakademischen Museums kennen wir schon als Jensens Korrekturleser, Herausgeber der *Langen Rejse* und als seinen Geburtstags-Fotografen. Jensens Studien „stellen eher den Urheber als den Portraitierten ... ins Zentrum". Thorvaldsens Oehlenschläger-Büste von 1839, der ihn dreißig Jahre vorher in Rom besuchte, erweise „eine Identität des Herstellers und des Dargestellten". Ihre Lebensalter waren die zweier älterer Herren von 70 bzw. 60 Jahren. Die Vergleichbarkeit hinge mit dem übergeordneten Gesichtspunkt zusammen, daß bei dem Entstehungsprozess des Werkes die allgemeine Menschheitsgeschichte, und nicht die Kunstgeschichte als solche, angesprochen wird. Verf. kennt beide Gipsabbildungen aus dem Thorvaldsen Museum in Kopenhagen. Nach Jensen (ibidem S. 18) wirkt diese Büste eher naturalistisch als antikisch, ja eigentlich modern. Individualisierende Kunstfertigkeit und Verspieltheit gehen in seinen Büsten, die nur einen Körperteil ausschnittsweise für die ganze Persönlichkeit vorführen können, ineinander über. Er repräsentiert eine neue Variante, nämlich die eines *portrætbilledhugger* (= Porträtbildhauers). Aus intimer Sachkenntnis konnte Aage Marcus durch biographische Notizen zur Verlässlichkeit der Behauptungen beitragen. An Oehlenschlägers hundertstem Todestag, dem 20. Januar 1950, druckte *Politiken* Jensens finales Bekenntnis zu seinem vorbildhaften Schilderer Oehlenschläger (= Oe.). Darin enthalten ist die 1809 in Rom gezeichnete Karikatur von Oe. mit Stachelhaar, vorstehenden Lippen und Schreiberpuckel, aber mit „strahlendem, magnitisierenden Blick" (S. 50). Er verströmt aber auch „aggressive Energie".

Die kleine Votivtafel am Boden verweist auf die Eröffnungsszene von Oe.s *Correggio* Drama, das er als einzige seiner Tragödien zuerst auf Deutsch und dann erst auf Dänisch verfasst hat. Was machte ihn in Jensens Augen zu einem solchen Vorbild? Antwort Jensens: ægte *danskhed – klare, simple og træffend sprog*". Die künstlerische Herrschaft auf Dänisch über seine Werke besorgte Oehlenschläger selbst. Die dänische Eigenzone Jensens steht einer deutschsprachigen Auslegung seiner Übersetzungen zwar offen. Aber deren Aufnahme genießt nicht Bürgerrecht, sondern nur Gastrecht. Johannes V. Jensens dänischen Werke brauchen wegen ihrer *danskhed* keinen Dolmetscher. Eine Übersetzerin ins Deutsche wie Julia Koppel heißen sie freilich willkommen.

Zusammenfassung

1944 wurde der wiederholt erhobene Vorwurf älterer Nobelpreiskomitee-Mitglieder fallen gelassen, es habe Jensen an „Idealismus" gemangelt. Idealismus? Als nicht-querdenkende Darwinisten-Verächter vermissten sie diese Eigenschaft bei Jensen zu Recht. Als sprachbildender Oehlenschläger-Enthusiast brauchte er diese Eigenschaft nicht. Nicht Oslo stockte die Ansprüche auf, sondern das Komitee kam zu Kopenhagen ‚nach Hause'. Wie Oe. hatte Jensen die Harmonie innerhalb seines Schaffensprozesses gefunden. Das literarische Skandinavien erinnert sich gerne an diese Preisverleihung. Die Dänische Literatur, so vermeldet der Nachruf auf seine deutschdänische Helferin, Julia Koppel, mit Dankbarkeit ebenfalls. Sie hat ihrem Meister und sich „ein schönes Denkmal gesetzt", so wie speziell der große Jütländer durch sein Gedicht „Oehlenschlägers Grab im Schnee" dem Kopenhagener Publikum. Nun ist der Augenblick gekommen, um das Ineinandergreifen der Bildfortschritte zwischen den Abschnitten I, II, III und IV zu beschreiben. Beim **Augenblicksbild I** ist sich der beobachtende Leser der Lücken bewußt; es geht hier noch um eine Eindimensionalität in der Betrachtung. Im **Querzeitbild II** erkennt der Leser eine neuartige Erstreckung wie eine zweidimensionale Erzählfläche. Im **Überbrückungsbild III** geht es um eine überraschend auftauchende neue Tiefe: die Mythe verwandelt die Entwicklung selbst in Stadien; und verarbeitet sie als rational unergründliche. Die **Zeitwende IV**, die eigentlich eine Raum-Zeitwende darstellt, hebt von räumlich abgesteckten Markierungen ab und ändert die Zeitrichtung. Der Erzähler wägt die Verwandlung und entwickelt, ziemlich souverän, neue Zeitmythen auf von ihm entdeckten Kontinenten. Ironischerweise wurde nach seinem Tode nach ihm das Johannes-V.-Jensen-Land in Grönland benannt. Es darf darwinistisch von einem Zeitalter wie von einem Sediment erzählt oder berichtet werden. Eingeführt vom Sprach-Abbildner wird die Ersetzung der Vorstufen mit höheren/weiteren Graden bewerkstelligt. Der Übersetzer ist ein kleiner, aber wichtiger Quer-Klimmer, der Sprachkünstler ein großer Selbst-Steiger. Zusammen erledigen sie, relativ zur bisher bekannt gewesenen Erzählkunst, Nachverständnis anregende Übersetzungsarbeit, der Däne als setzender Querdenker, die Deutsch-Dänin als Über-Setzer. Verfasser hofft, mit seiner Darstellung der Zusammenhänge eine dichterische Gattungs-Relativität gefunden und deutlich dargestellt zu haben.

Literaturverzeichnis

Primärliteratur

Auf Dänisch:

Es gibt noch keine kritische Gesamtausgabe wie Samlede Værker. Einzelbände sind als *Skrifter* 1916, 1925, 1957 und 1960 veröffentlicht worden. Ohne Anthologien, Neuabdrucke oder spätere Neuzusammenfügungen eingerechnet geht man von etwa 80 dänischen künstlerischen (abbildenden) und philosophischen (querdenkenden) Büchern Jensens aus. Alle seine Gedichte wurden von Anders Thyrring Andersen, Erik M. Christensen, Per Dahl und Aage Jørgensen bei Gyldendal in Kopenhagen 2006 genau einhundert Jahre nach der Urausgabe kritisch herausgegeben. Dazwischen liegen zu Jensens Lebzeiten elf weitere dänische Gedichtausgaben.

Auf Deutsch:

Primär in Auswahl; vierundzwanzig von Jensens 29 deutschen Übersetzungstiteln sind bei S. Fischer in Berlin erschienen, 18 davon übersetzt von Julia Koppel (JK); die gattungsbedeutendsten werden hier behandelt. *Die Lange Reise* (= DLR), Band 1–6 erschienen auf Dänisch einzeln in anderer Reihenfolge 1908–1926 und bildeten die Grundlage seines Nobelpreises von 1944.

„Die Welt ist tief …" [Novellen mit Nietzsches Titel] 1907, 1908, [1910], 1913, 1918, 1923 JK.

Die Neue Welt [Essays] 1908 und noch viermal nachgedruckt, zuletzt 2013 JK.

Das Rad [Chicagoer Dialog-Roman] 1908 übersetzt von A. Rothenburg Mens und noch neunmal nachgedruckt.

Himmerlandsgeschichten [Erzählungen] 1908 übersetzt A. Rothenburg Mens und noch zwölfmal nachgedruckt bis 1986.

Der Gletscher. [Ein neuer Mythos] 1911 (später DLR, 2) JK; neu übersetzt Gertrud I. Klett und noch siebenmal nachgedruckt.

Des Königs Fall [kein Genre 1912] [Roman 1931], Dt. Buchgesellschaft, neunmal, ab 1931 auch JK.

Dolores [Novelle in einer Sammlung] 1912 (S. Fischer Verlag, unbekannter Übersetzer, 1913, 1914, 1915, 1921, 1923 JK, 1929 revidiert von Katharina Danzig, 1987, 2013.

Das Schiff [Roman] 1915 (DLR, 5) JK, DnR Vorabdruck 1914.

Unser Zeitalter [Essays] 1917, DnR Vorabdruck 1914; übersetzt Karl (und Mathilde?) Vollmoeller.

Kolumbus [Mythe] 1922 (DLR, 6) JK.

Zug der Cimbern [kein angegebenes Genre) 1925, siebenmal nachgedruckt, (DLR, 4) JK.

Norne-Gast 1926 (DLR, 3) JK.

Verwandlung der Tiere [„Nachweltmythe"] 1927, 1928; übersetzt Erwin Magnus.

Mr. Wombwell [Himmerlands-Ergänzungs-Erzählungen] 1936; übersetzt A. Rothenburg Mens.

Gudrun [ideale Kopenhagnerin-Roman] 1936; übersetzt von Bernhard Schulze.

Dr. Renaults Versuchung [Verwandlungs-Roman] 1936 Bermann-Fischer Wien JK.

Sekundärliteratur

Leif Nedergaard, *Johannes V. Jensen: Liv og Forfatterskab.* København 1968. 342 S.

Sven H. Rossel, *Johannes V. Jensen.* Twayne Boston 1984. 199 S.

Bernd Henningsen, „Ein dänischer Columbus-Mythos", *Erlanger Lateinamerika-Studien*, 30. Vervuert Verlag Frankfurt am Main 1992, S. 669–695.

Lars Handesten, *Johannes V. Jensen. Liv og værk.* Gyldendal København 2000, 514 S.

Hg. Sven Hakon Rossel und Monica Wenusch, „Ich habe deine wilde, unheilbare Sehnsucht gespürt ...". Geschichten, Gedichte und Mythen. Eine Anthologie. *Wiener Studien zur Skandinavistik*, 2. Praesens Verlag Wien 2005. 246 S.; Englische Ausgabe WTS Wien 2012.

Hg. Aage Jørgensen, Sven Hakon Rossel und Monica Wenusch, „Gelobt sei das Licht der Welt...". Eine J. V. Jensen Forschungsanthologie. *Wiener Studien zur Skandinavistik*. Hg. von Robert Nedoma und Sven Hakon Rossel. Band 17. Praesens Verlag Wien 2007, 436 S.

Monica Wenusch, „Johannes V. Jensen Made in Germany", *Scandinavica*, 51, 2. London 2012, S. 79–102.

Christian Gellinek, *Adam Oehlenschläger: In Dänemark berühmt, in Deutschland vergessen*. Peter Lang Verlag Frankfurt am Main 2012, 117 S.

Jensens Aufenthalte in Berlin zu Treffen mit seinem Verleger Sam Fischer erfolgten im Mai 1906; Jan. 1907; vor Weimarfahrt 1908; April 1911; Nov. 1912 – Apr. 1913; Aug. 1914; Sept. 1921; Dez. 1925; Febr. 1928; Sept. 1931.

Hilfsmittel

A. Zur literar-historischen Übersicht Dänemarks

Roar Skovmand / Vagn Dybdahl / Erik Rasmussen, *Geschichte Dänemarks 1830–1939*. Karl Wachholtz Verlag Neumünster 1973.

Ole Feldbæk, Gyldendals *Bog om Danmarks Historie*. 2007.

Bernd Henningsen, Dänemark. *Die Deutschen und ihre Nachbarn*. C. H. Beck München 2009.

Hanne Marie und Werner Svendsen, *Geschichte der Dänischen Literatur*. Karl Wachholtz Verlag Neumünster / Gyldendal Kopenhagen 1964.

Heiko Uecker / Joachim Trinkwitz, *Die Klassiker der Skandinavischen Literatur*. Meysenburg Verlag Essen 2002, 4. S.

Christian Gellinek, *Dänemarks und Deutschlands Kultursolidarität über Grenzen*. Zweite Auflage. Peter Lang Verlag Frankfurt am Main 2012.

Hg. Dierk Rodewald und Corinna Fiedler, *Samuel Fischer. Hedwig Fischer. Briefwechsel mit Autoren.* S. Fischer Verlag Frankfurt am Main 1989.

Ingar Sletten Kolloen, *Knut Hamsun: Dreamer and Dissenter.* Yale University Press 2009. Translated by Deborah Dawkin and Eric Skuggevik. 378 S.

Hg. Egon Bork, *Dansk-Tysk Ordbog.* Gyldendal Copenhagen ²2007.

Kunstführer Dänemark. Reclam 1978.

Verf. dankt dem Fachreferenten der ULB Münster, Dr. Henning Dreyling, für fachbezogene Neuanschaffungen.

B. Zu Jensens eigenen philosophischen Grundlagen

Rudyard Kipling (1865–1936), *The Jungle Book* 1894 zu seiner Tierphilosophie bis 1927.

Hans Christian Oersted, *Das Geistige in der Natur.* (Dt. Original Ausgabe des Verf.s) Cotta München 1850.

Georg Brandes (1842–1927), *Patriotismus* Vortrag 1894.

Harald Høffding (1843–1931), *Psykologien: Omrids paa Grundlag af Erfaring* 1882; *Religionsphilosophie* 1902 zu Jensens Zeiterfahrung.

Charles Darwin (1809–1882), *On the Origin of Species* 1859 die Entwicklungslehre in ihrem Einfluss auf Jensens dänische Abhandlungen über *Ästhetik und Entwicklung* 1923 und *Evolution und Moral* 1925 sowie sein Hauptwerk, *Den Lange Rejse,* auf 2 Bände revidiert und gekürzt hg. Aage Marcus, Gyldendal 1938; Amerikanische Ausgabe New York 1945.

C. Zur Ikonographie Jensens

Jensens Deckblatt Porträt ist ein Foto, das am 20. Januar 1933 zum 60. Geburtstag von seinem Freund Aage Marcus (1888–1985) aufgenommen wurde. Es war Else Jensens Lieblingsfoto. Marcus war ein Kopenhagener Bibliothekar, der ihm beim Korrekturlesen half und später *Den Lange Rejse* kritisch für ihn herausgab. Niels Birger Wamberg hat es 1961 veröffentlicht. Der Maler Christian Kongstad Petersen (1862–1940) zeichnete dieses Vorder-Porträt des fünfundzwanzigjährigen Jensen, als sich beide im

Ruhrgebiet trafen. Finn Larsen, J. V. Jensen Museet, hat mich freundlich beraten. Für die Freigabe wird gedankt. Ich danke meinem Lektor Michael Rücker für seine geduldige Sorgfalt.

D. Zu Julia Koppels Leben und Wirken

Staatsarchiv der Stadt Hamburg: Heiratsregister des Zivilstandsamts Hamburg, 332–3 Nr 2358; Zivilstandsaufsicht, B 15, 1867 Nr. 2358; Geburtsregister des Zivilstands Hamburg, Geburt Gerda Koppel, geb. am 28.10.1875, Nr. 8163; Julia Agnes geb. am 17.10.1876, Standesamt 1 von 1876, Nr. 4429; und Bestand 622–1. Es gab noch zehn weitere Geschwister. Herr Archivar Sielemann prüfte auch die Kultursteuerkartei, Reisepassprotokolle im Meldewesen, Adressbücher bis 1934 und sah auch die Sterberegister von 1937–39 freundlicherweise durch. Die Ausbürgerung deutscher Staatsangehöriger 1933–1945 nach den im Reichsanzeiger veröffentlichten Listen, Hg. Michael Hepp, III Bände 1985 und 1987, ergab keinen Eintrag über die Koppels. Handschriften-Lesesaal der Staats- und UB Hamburg Carl von Ossietzky bewahrt unter NFa: B51: Bl. 1–5 zwei Briefe Julia Koppels von 1904 an Gustav Falke auf. Sechs vertonte Gedichtübersetzungen in der Musik Kollektion der Kgl. Bibliotek unter D 204, 1935–36, 191 stellte der Kustos Jeppe Plum Andersen zur Verfügung. Maike Bruhns, *Kunst in der Krise*, 2 Bände, 2001, war behilflich.

Dr. Carl P. Pedersen und Dr. Peter Birkelund spürten die Ausländerakte Gerda Koppels (Nr. 69692) auf. Det Kongelige Bibliotek in Kopenhagen, auskunftsfreundliche Bibliothekare Ole Henrik Sørensen und Anders Toftgaard, Håndskriftafdelingen Brefbase und Jesper Düring Jørgensen, gestatteten mir Einsichten in Briefe und Postkarten (1904–1933) von Julia Koppels Hand. Unter ausdrücklichem Hinweis auf ihr Copyright handelt es sich um folgende 9 Konvolute:

Absender	Empfänger	Titel
Koppel, Julia	Bang, Herman	til Herman Bang, 22.4.1904
Koppel, Julia	Bregendahl, Marie	til Marie Bregendahl, 1910–15 (7)
Koppel, Julia	Drachmann, Holger	til Holger Drachmann, 21.6.1902, 23.7.19 …
Koppel, Julia	Hetsch, Gustav	til Gustav Hetsch, 4 br. 1907–1915
Koppel, Julia	Larsen, Karl	til Karl Larsen, 23.7.1915
Koppel, Julia	Nansen, Peter	til Peter Nansen, 56 br., 14 u. a., 8.11 …
Koppel, Julia	Nansen, Peter	til Peter Nansen, u. år (3); 1911–18 (4) …
Koppel, Julia	Skjoldborg, Johan	til Johan Skjoldborg, 1933 (2 br.)
Koppel, Julia, Hamborg	Gravlund, Thorkild	til Thorkild Gravlund, 1.10. og 21.10.19 …

Das Foto von Julia Koppel (s. u.) stellt ein Anhängsel zu Nr. 59 dieser Kopenhagener Briefbasis dar und lässt sich nicht verbessern. J. K.s Todestag ist nach freundlicher Auskunft von Frau Kerstin Berke des Personenstand-Registers des Landes Berlin tatsächlich der 8. Sept. 1937 gewesen. Julia Agnes Koppel ist morgens früh in Berlin-Charlottenburg, Kurfürstendamm 217, Pensionsinhaberin Henriette Witte, in der obigen Wohnung, verstorben. Valdemar Koppel und davor telefonisch seine Cousine Gerda Koppel, haben der Kopenhagener Polizei wahrheitsgetreue Angaben gemacht. Die lebensrettende Reise nach Dänemark in das Land ihrer Vorfahren konnte Julia Koppel nicht mehr antreten.

Julia Koppel mit ihrem Hund in Blankenese 1914.

Anhang

Abb. 1: *Schriftprobe von Julia Koppel 1914.*

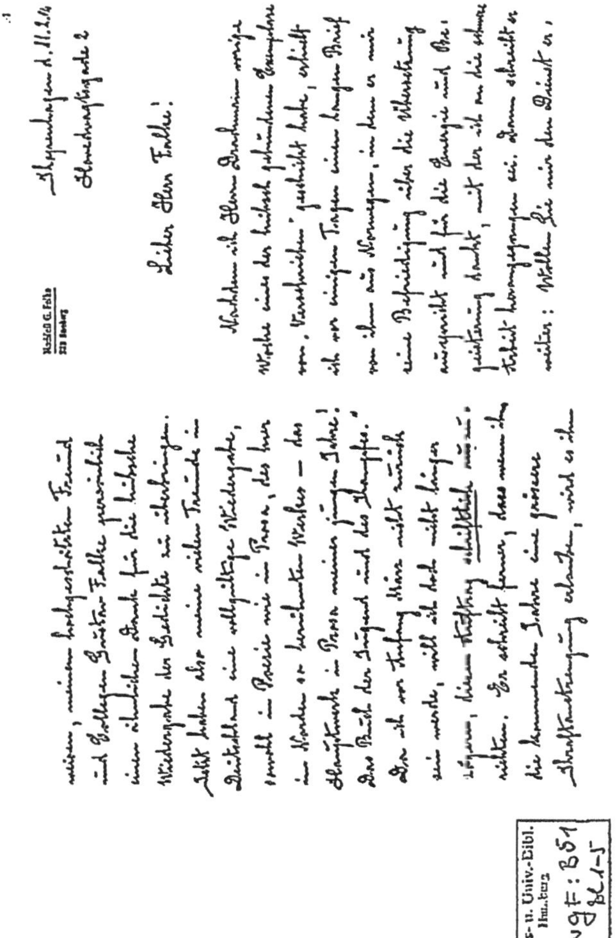

Abb. 2: Karteikarte für Ausreise Gerda Koppel mit Todesvermerk und Karteikarte für Ausreise Julia Koppel 1918 über Gedser.

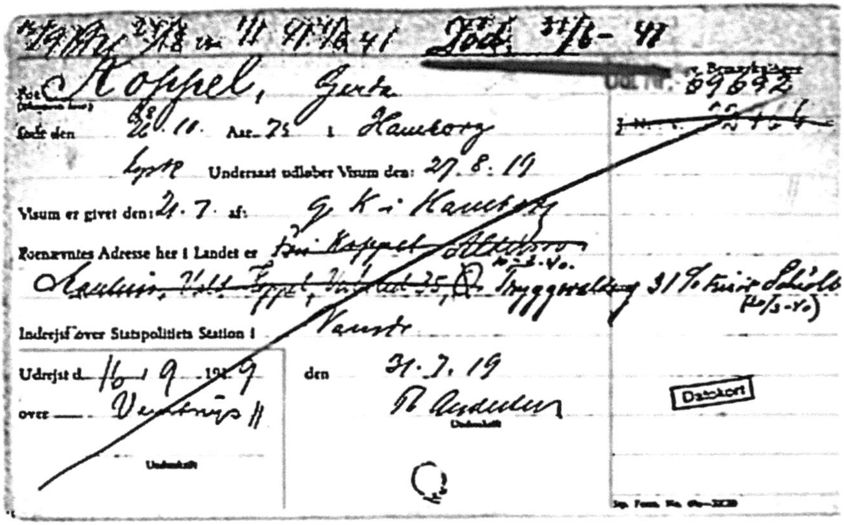

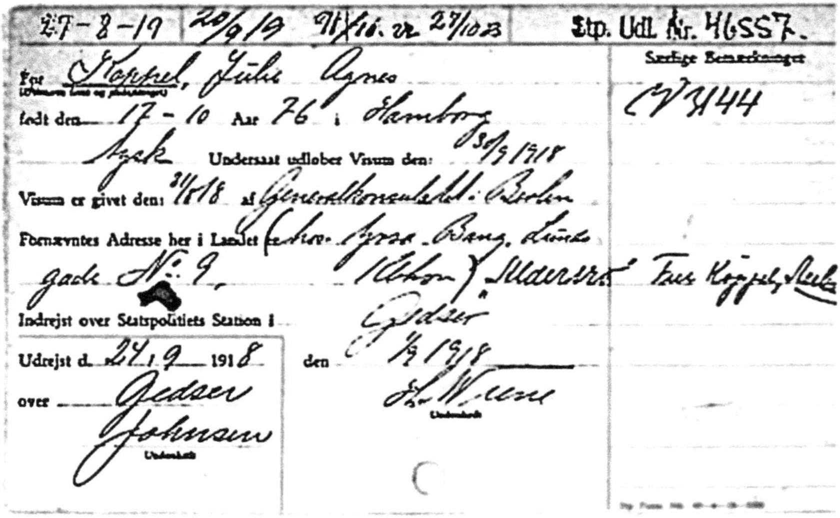

Abb. 3: Kopenhagen Politi Akte Julia Koppel 1937, Vorderseite.

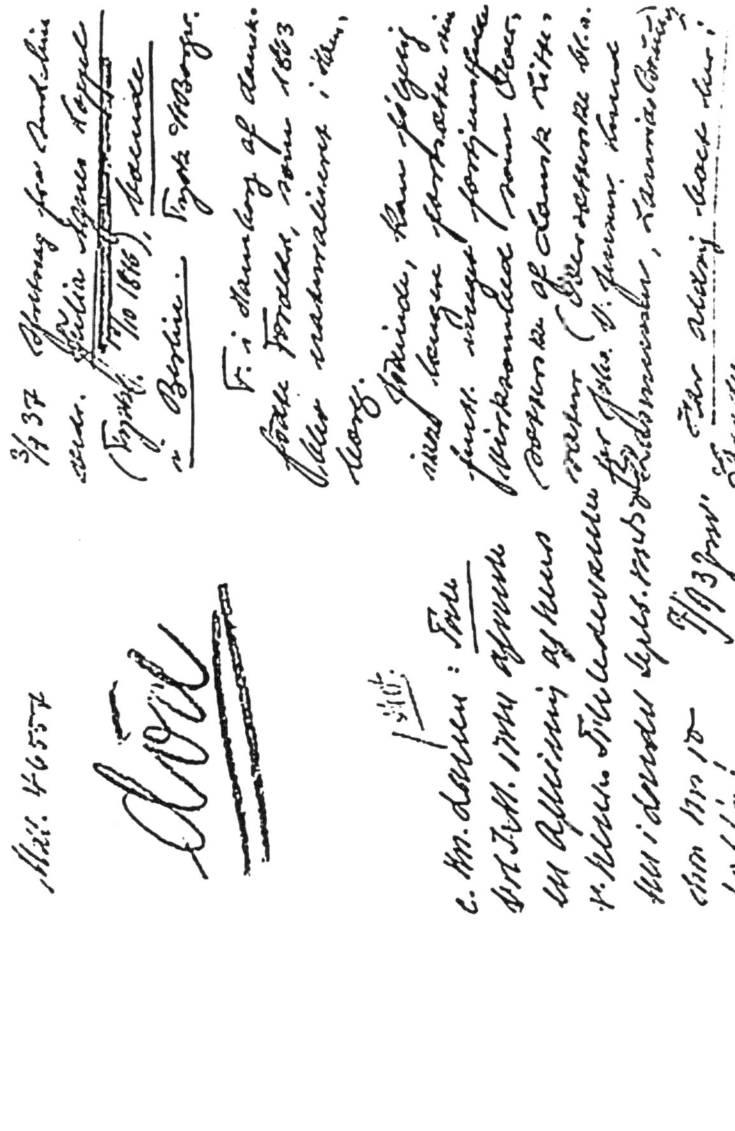

Abb. 4: Kopenhagen Politi Akte Julia Koppel 1937, Rückseite.

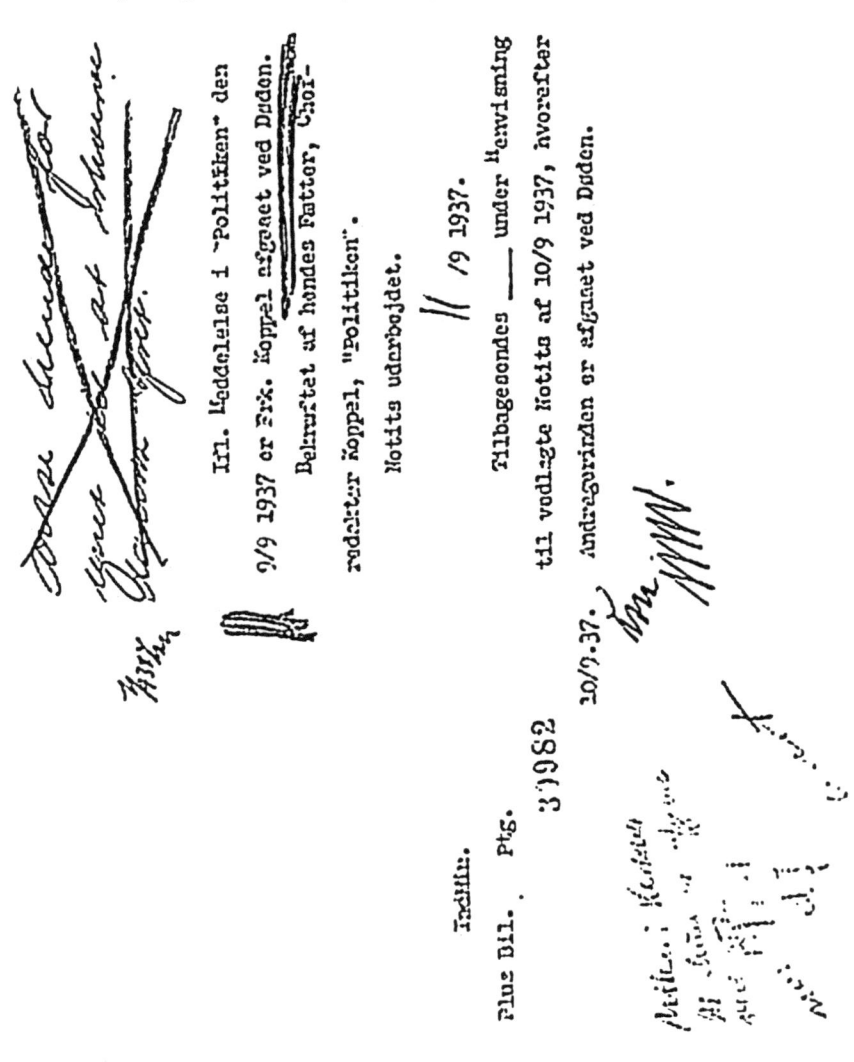

Abb. 5: Statens Arkiver / Rigsarkivet, Schreiben vom 6 Mai 2014.

Professor, Dr. Christian Gellinek
Hittorfstrasse 49a
D-49148 Münster
Tyskland

Dato: Journalnummer: Lokaltelefon: Vores reference: Deres reference:
05. maj 2014   2014-009234   SAX;PP

Sehr geehter Herr Professor Gellinek

In Beantwortung Ihren Briefes schicke ich Ihnen hiermit die 2 Polizeikarteikarten betr. Julia und Gerda Koppel.

Noch folgt Kopien von alle Dokumenten betr. Juloa Agnes Koppel (Udlændingesag nr. 46557).

Mit freundlichen Grüsse

Karl Peder Pedersen
Arkivar, Seniorforsker, Ph.D.

RIGSDAGSGÅRDEN 9 · DK-1218 KØBENHAVN K
TELEFON: (+45) 33 92 33 10 · TELEFAX: (+45) 33 15 32 39
E-MAIL: MAILBOX@SA.DK · HJEMMESIDE WWW.SA.DK

TEXTE UND UNTERSUCHUNGEN ZUR GERMANISTIK UND SKANDINAVISTIK

Begründet von Heiko Uecker
Herausgegeben von Thomas Fechner-Smarsly

Band 1 Auf alten und neuen Pfaden. Eine Dokumentation zur Hamsun-Forschung. Bd. I. Herausgegeben von Heiko Uecker. 1983.

Band 2 Auf alten und neuen Pfaden. Eine Dokumentation zur Hamsun-Forschung. Bd. II. Herausgegeben von Heiko Uecker. 1983.

Band 3 Astrid van Nahl: Originale Riddarasögur als Teil altnordischer Sagaliteratur. 1981.

Band 4 Jens Heese: Der Neurealismus in der dänischen Gegenwartsliteratur. Darstellung und Analyse anhand ausgewählter Texte von Anders Bodelsen und Christian Kampmann. 1983.

Band 6 Verbwörterbuch zur altisländischen Grágás (Konungsbók). Unter Mitarbeit von A. van Nahl, J. Beutner und Th. Klein herausgegeben von Heinrich Beck. 1983.

Band 7 Coletta Bürling: Die direkte Rede als Mittel der Personengestaltung in den Islendingasögur. 1983.

Band 8 Hans Fix: Wortschatz der Jónsbók. 1984.

Band 9 Hans Fix (Hrsg.): Jenseits von Index und Konkordanz. Beiträge zur Auswertung maschinenlesbarer altnordischer Texte. 1984.

Band 10 Aldo Keel: Bjørnstjerne Bjørnson und Maximilian Harden. Briefwechsel. 1984.

Band 11 Heinrich Beck (Hrsg.): Arbeiten zur Skandinavistik. 6. Arbeitstagung der Skandinavisten des Deutschen Sprachgebietes: 26.9.-1.10.1983 in Bonn. 1985.

Band 12 Helga Abret/Aldo Keel: Die Majestätsbeleidigungsaffäre des "Simplicissimus"-Verlegers Albert Langen. Briefe und Dokumente zu Exil und Begnadigung 1898- 1903. 1985.

Band 13 Walter Baumgartner (Hrsg.): Applikationen. Analysen skandinavischer Erzähltexte. 1987.

Band 14 Aldo Keel (Hrsg.): Bjørnson in Deutschland. Ein Materialienband. 1985.

Band 15 Gabriele Schulte: Hamsun im Spiegel der deutschen Literaturkritik von 1890 bis 1975. 1986.

Band 16 Hermann Engster: Germanisten und Germanen. Germanenideologie und Theoriebildung in der deutschen Germanistik und Nordistik von den Anfängen bis 1945 in exemplarischer Darstellung. 1986.

Band 17 Bernhard Gottschling: Die Todesdarstellungen in den Islendingasögur. 1986.

Band 18 Ulrich Groenke (Hrsg.): Arbeiten zur Skandinavistik. 7. Arbeitstagung der Skandinavisten des Deutschen Sprachgebietes: 4.8.-10.8.1985 in Skjeberg/Norwegen. 1987.

Band 19 Joachim Beutner: Untersuchungen zur Struktur und Syntax der altisländischen er-Sätze. 1987.

Band 20 Christine Holliger: Das Verschwinden des Erzählers. Die Entwicklung der Erzählerrolle in der skandinavischen Prosa 1870-1900. 1988.

Band 21 Detlef Brennecke: Von Strindberg bis Lars Gustafsson. Zwölf Essays zur schwedischen Literatur. 1989.

Band 22 Otmar Werner (Hrsg.): Arbeiten zur Skandinavistik. 8. Arbeitstagung der Skandinavisten des Deutschen Sprachgebiets: 27.9. - 3.10.1987 in Freiburg i. Br. 1989.

Band 23 Inge Suchsland: "At elske og at kunne". Weiblichkeit und symbolische Ordnung in der Lyrik von Edith Södergran. 1990.

Band 24 Susanne Kramarz: Eyolf: Kinder und Kinderschicksale im Werk Henrik Ibsens. 1990.

Band 25 Thomas Fechner-Smarsly: Die Wiederkehr der Zeichen. Eine psychoanalytische Studie zu Knut Hamsuns "Hunger". 1991.

Band 26 Achim Kinter: Rezeption und Existenz. Untersuchungen zu Sören Kierkegaards "Entweder-Oder". 1991.

Band 27 Ulrike Strerath-Bolz: Kontinuität statt Konfrontation. Der Prolog der Snorra Edda und die europäische Gelehrsamkeit des Mittelalters. 1991.

Band 28 Detlef Brennecke: Von Tegnér bis Tranströmer. Zwölf Essays zur schwedischen Literatur. 1991.

Band 29 Susanne Frejborg: Ein Buch der Freundschaft über getrennte Welten hinweg. Die Korrespondenz zwischen Wilhelm Bolin und Paul Heyse. 1992.

Band 30 Lilja Popowa (Hrsg.): Sowjetische Skandinavistik. Eine Anthologie. 1992.

Band 31 Sabine Blocher: Altertumskunde und Sammlungswesen in Schweden von den Anfängen im Mittelalter bis zur Regierungszeit Gustavs II. Adolf. 1993.

Band 32 Bernhard Glienke/Edith Marold (Hrsg.): Arbeiten zur Skandinavistik. 10. Arbeitstagung der deutschsprachigen Skandinavistik. 22.-27.9.1991 am Weißenhäuser Strand. 1993.

Band 33 Karin Hoff: Vier Autoren suchen einen Roman. Debatte, Dialog und poetischer Diskurs in der schwedischen Prosaliteratur der 1980er Jahre. 1993.

Band 34 Walter Baumgartner (Hrsg.): Wahre lyrische Mitte – "Zentrallyrik"? Ein Symposium zum Diskurs über Lyrik in Deutschland und in Skandinavien. 1993.

Band 35 Alexandra Pesch: Brunaold, haugsold, kirkjuold. Untersuchungen zu den archäologisch überprüfbaren Aussagen in der Heimskringla des Snorri Sturluson. 1996.

Band 36 Thomas Fechner-Smarsly: Krisenliteratur. Zur Rhetorizität und Ambivalenz in der isländischen Sagaliteratur. 1996.

Band 37 Corinna Vonhoegen: "Das Weiß öffnen, um das Schwarz hervorkommen zu lassen". Zur Schrift in der Dramatik Victoria Benedictssons und Cecilie Løveids. 1996.

Band 38 Gabriele Beyer-Jordan: Literarische Labyrinthe. Über die Bewegungen des skandinavischen Romans der 1980er Jahre zwischen Ich und Welt, Wirklichkeit und Fiktion, Mythos und Aufklärung. 1997.

Band 39 Heiko Uecker (Hrsg.): Fragmente einer skandinavischen Poetikgeschichte. 1997.

Band 40 Heiko Uecker (Hrsg.): Opplysning i Norden. Foredrag på den XXI. studiekonferanse i INTERNATIONAL ASSOCIATION FOR SCANDINAVIAN STUDIES (IASS) arrangert av Skandinavistiska Abteilung, Germanistisches Seminar, Universität Bonn 5.-11. august 1996. Redigert av Heiko Uecker. 1998.

Band 41 Benedikt Jager: Sollizitation und Sehnsucht nach Parusie. Literarischer Diskurs in Skandinavien zwischen 1880 und 1900. 1998.

Band 42 Knut Brynhildsvoll: Sult, sprell og Altmulig. Alte und neue Studien zu Knut Hamsuns antipsychologischer Romankunst. 1998.

Band 43 Piotr Bukowski: Ordnungsschwund – Ordnungswandel. Pär Lagerkvist und der deutsche Expressionismus. 2000.

Band 44 Regina Hartmann: Deutsche Reisende in der Spätaufklärung unterwegs in Skandinavien. Die Verständigung über den „Norden" im Konstruktionsprozeß ihrer Berichte. 2000.

Band 45 Fritz Paul (Hrsg.) unter Mitarbeit von Joachim Grage und Wilhelm Heizmann: Arbeiten zur Skandinavistik. 13. Arbeitstagung der deutschsprachigen Skandinavistik, 29.7.-3.8.1997 in Lysebu (Oslo). 2000.

Band 46 Ulrike Sprenger: Sturla Þórðarsons *Hákonar saga Hákonarsonar*. 2000.

Band 47 Claudia Müller: Erzähltes Wissen. Die Isländersagas in der *Möðruvallabók* (AM 132 fol.). 2001.

Band 48 Annegret Heitmann (Hrsg.): Arbeiten zur Skandinavistik. 14. Arbeitstagung der deutschsprachigen Skandinavistik, 1.-5.9.1999 in München. 2001.

Band 49 Ingolf Kaspar: Minimalismus und Groteske im Kontext der postmodernen Informationskultur. Ästhetische Experimente in der norwegischen und isländischen Gegenwartsliteratur. 2001.

Band 50 Joachim Trinkwitz: Studien zur Poetik Gunnar Ekelöfs. 2001.

Band 51 Heiko Uecker (Hrsg.): Neues zu Knut Hamsun. 2002.

Band 52 Fjodor Uspenskij: Name und Macht. Die Wahl des Namens als dynastisches Kampfinstrument im mittelalterlichen Skandinavien. 2004.

Band 53 Karin Birgitta Adam: *Jag kräver en inre Columbus* – Ich verlange einen inneren Columbus. Versuch über die Poetik Göran Tunströms. 2004.

Band 54 Eivind Tjønneland: Ironie als Symptom. Eine kritische Auseinandersetzung mit Søren Kierkegaards *Über den Begriff der Ironie*. 2004.

Band 55 Susanne Kramarz-Bein (Hrsg.): Neue Ansätze in der Mittelalterphilologie – *Nye veier i middelalderfilologien*. Akten der skandinavistischen Arbeitstagung in Münster vom 24. bis 26. Oktober 2002. 2005.

Band 56 Heiko Uecker: Der nordische Hamlet. 2005.

Band 57 Karin Hoff (Hrsg.): Literatur der Migration – Migration der Literatur. 2008.

Band 58 Jörg Pottbeckers: Stumme Sprache. Innerer Monolog und erzählerischer Diskurs in Knut Hamsuns frühen Romanen im Kontext von Dostojewski, Schnitzler und Joyce. 2008.

Band 59 Regina Jucknies: Der Horizont eines Schreibers. Jón Eggertsson (1643-89) und seine Handschriften. 2009.

Band 60 Frauke Rademann-Veith: Die skandinavischen Rätselbücher auf der Grundlage der deutschen Rätselbuch-Traditionen (1540-1805). 2010.

Band 61 Anne Brümmer: „Smerte, sorg og fortvilelse!". Krankheit in der skandinavischen Gegenwartsliteratur. 2010.

Band 62 Henrich Steffens: Einleitung in philosophische Vorlesungen. Übersetzt und mit einer Vorbemerkung versehen von Heiko Uecker. 2012.

Band 63 Werner Schäfke: Wertesysteme und Raumsemantik in den isländischen Märchen- und Abenteuersagas. 2013.

Band 64 Walter Baumgartner: Artistik, Ironie und Gewalt bei Knut Hamsun. Aufsätze, Vorträge, Artikel, Essays und Interview. 2013.

Band 65 Christian Gellinek: Johannes V. Jensen. Dänischer Sprachbildner und Querdenker und seine Übersetzerin Julia Koppel. 2014.

www.peterlang.com